A CRIANÇA TERCEIRIZADA

OS DESCAMINHOS DAS RELAÇÕES FAMILIARES NO MUNDO CONTEMPORÂNEO

JOSÉ MARTINS FILHO

A CRIANÇA TERCEIRIZADA

OS DESCAMINHOS DAS RELAÇÕES FAMILIARES
NO MUNDO CONTEMPORÂNEO

Capa	Fernando Cornacchia
Foto de capa	Rennato Testa
Coordenação	Beatriz Marchesini
Copidesque	Mônica Saddy Martins
Diagramação	DPG Editora
Revisão	Ana Carolina Freitas, Anna Carolina Garcia de Souza, Aurea Guedes de Tullio Vasconcelos e Pamela Andrade

Dados Internacionais de Catalogação na Publicação (CIP)
(Câmara Brasileira do Livro, SP, Brasil)

Martins Filho, José
  A criança terceirizada: Os descaminhos das relações familiares no mundo contemporâneo/José Martins Filho. 6ª ed. – Campinas, SP: Papirus, 2012.

Bibliografia
ISBN 978-85-308-0855-6

1. Crianças – Condições sociais 2. Crianças – Criação 3. Crianças – História 4. Crianças – Maus-tratos 5. Crianças – Relações familiares 6. Crianças abandonadas 7. Trabalho infantil. I. Título.

12-06062   CDD-305.23

Índice para catálogo sistemático:

1. Crianças: Condições sociais: Sociologia   305.23

6ª Edição – 2012
12ª Reimpressão – 2024

Exceto no caso de citações, a grafia deste livro está atualizada segundo o Acordo Ortográfico da Língua Portuguesa adotado no Brasil a partir de 2009.

Proibida a reprodução total ou parcial da obra de acordo com a lei 9.610/98. Editora afiliada à Associação Brasileira dos Direitos Reprográficos (ABDR).

DIREITOS RESERVADOS PARA A LÍNGUA PORTUGUESA:
© M.R. Cornacchia Editora Ltda. – Papirus Editora
R. Barata Ribeiro, 79, sala 316 – CEP 13023-030 – Vila Itapura
Fone: (19) 3790-1300 – Campinas – São Paulo – Brasil
E-mail: editora@papirus.com.br – www.papirus.com.br

Noturno de choro e dor!

Estava ali no meio da rua...
Chovia, estava escuro, muito escuro!
Jogava bolinhas para o ar,
Como uma equilibrista...

Parei no sinal.
Olhou-me com seus olhos tristes,
De menina pobre, desprezada.
Estendeu a mão.

Cinco, seis anos?
Sei lá... Quanto tempo se conta
Quando se é infeliz?
E como? Em meses, anos, séculos?

Meu pobre coração de velho pediatra
Não resistiu...
Como você se chama, menininha?
"Cachorra vadia", me respondeu sem pestanejar.

Meu coração quase explodiu de dor.
Era assim que devia ser tratada na rua.
"Mundinho de merda", este que vivemos...
Crianças são chamadas de cachorras.

Cães têm até spas!
Dei-lhe alguma coisa
Para aplacar minha consciência,
E saí soluçando...

Até hoje choro quando lembro dela!
Como se chamaria?
Maria, Cristina, Fernanda, Inês?
Que importa? A quem interessa?

É só mais uma brasileirinha solta no mundo!

José Martins Filho
(Campinas, 12/11/2006)

*A todas as mulheres que se dedicaram
integralmente a seus filhos, mesmo sem abrir
mão da realização profissional e da vida pessoal.*

Sumário

Introdução: Por que aceitar este desafio?..........11

1. A evolução da situação da criança
   na história da humanidade 17

2. A violência contra a criança.................33

3. A criança abandonada (de rua)
   e o trabalho infantil 39

4. A terceirização propriamente dita.............49

5. Os conceitos de abandono..................67

6. As crianças e os pais de hoje:
   A sociedade em que vivemos................73

7. As características das crianças de hoje.........91

8. Finalmente...............................97

Bibliografia utilizada e sugerida 105

Introdução:
Por que aceitar este desafio?

Este livro é um desafio! Desde o princípio, o próprio título me machuca, "arranha" como se fosse um espinho na garganta. Em toda a minha vida de pediatra – e lá se vão quase 40 anos – venho remoendo esse tema dia após dia. Cada vez que percebo a angústia da mãe que precisa sair de casa todos os dias em busca de recursos para manter o lar, para ajudar o marido ou até porque não suporta ficar em casa o dia inteiro e acha fundamental estar fora para se sentir útil, fico pensando: será que as pessoas não se dão conta de que o tempo está passando e nunca mais vai voltar? Ninguém tem a chave do tempo; ninguém vai poder voltar a "folhinha" para rever o primeiro ano, os primeiros passos, o primeiro sorriso, as primeiras palavras e traquinagens de um filho.

Uma vez, ouvi uma velha vovó dizer que "criança cresce, mas não esquece", quando cobrava do próprio filho e da nora um pouco mais de atenção para as crianças.

Por outro lado, desde que comecei a falar sobre esse assunto, a dar conferências, entrevistas em jornais e mesmo no meu programa televisivo ("Conexão Brasil", da TV Século 21), sempre há alguém que me olha assustado, angustiado, e comenta: "Puxa vida, mais uma culpa em cima da mulher? Já não chega a questão da amamentação?".

Tudo isso me tem feito refletir, repensar o assunto, rever conceitos, maquinar um pouco mais as ideias, enquanto vou enchendo a tela do computador com meus comentários. Enfim, decidi. E, se você está lendo este livro agora, é porque perdi o medo e venci minhas próprias resistências. Devo correr o risco de escrever sobre esse assunto tão penoso, mesmo que, em alguns momentos, possa ser mal compreendido. Não culpo, em absoluto, as mães ou as famílias pelo que está acontecendo; apenas alerto para um problema que está me angustiando como pediatra, avô e ser humano.

Pessoas de minha família me disseram a mesma coisa: "Tenha cuidado, não culpe as mães, os pais, as famílias". Não, não os culparei, mas não posso deixar de alertá-los. O que acontecerá com as famílias no futuro? Estaremos mais angustiados que agora? O que estamos vendo? A violência campeia e, pior, não só entre os desvalidos, mas cada vez mais entre jovens teoricamente sem muitos problemas econômicos ou que estão longe da miséria. A classe média jovem está partindo para a agressão. Por quê? Como foi a infância daquele grupo de jovens que atacou uma mulher de madrugada, no Rio de Janeiro, para roubar-lhe a bolsa e minguados reais? E a maldade, a falta de amor, de carinho? Por que será que estamos vendo essas coisas?

As famílias, os pais, as mães estão se dando conta de que o tempo para amar, fazer carinho, dar certeza da presença e do amor materno e paterno está diminuindo a passos largos. As avós estão se distanciando e também trabalhando sem cessar; já não conseguem preencher as lacunas que, até bem pouco tempo, preenchiam, por terem tempo e ternura sobrando.

O termo terceirização pode parecer forte demais... mas que mais podemos dizer da "transferência" das funções maternas e paternas para outras pessoas, a ponto de as crianças, às vezes, não terem ideia da presença dos pais? Um jovem pai me confessou no consultório: "Esta semana ainda não vi meu filho nem conversei com ele... Já é sexta-feira. Saio de casa, ele ainda está dormindo; quando volto, já foi para a cama". Qual o significado desse tipo de ausência na formação da personalidade das crianças? "E minha mulher, não sei não", continuou o jovem pai, "também sai comigo, mas chega um pouco mais cedo em casa, lá pelas seis horas da tarde, e, às vezes, ainda consegue dar o jantar, antes de a empregada ir embora. A babá da noite é muito boa e sempre cuida bem do meu filho, porque nem eu nem minha mulher temos condições de acordar a noite toda e ir trabalhar no dia seguinte". Esse breve relato me leva à seguinte questão: esses pais, por mais que amem essa criança, estão ou não transferindo seus papéis fundamentais de educadores, alimentadores, cuidadores, para outras pessoas? A isso, concordando com alguns colegas que também já usaram o termo, chamo de terceirização da função materna e paterna. Quais são e quais serão suas consequências?

A criança de hoje é precocemente colocada para fora do lar (em creches, escolinhas etc.), recebe atenção eletrônica cada vez em maior quantidade (vídeos, televisão, jogos) e ainda é informatizada. E as relações pessoais e humanas, as cantigas e as brincadeiras de roda, onde estão? Em algumas creches e escolas eficientes, que até conseguem cumprir, em parte, sua função educadora, socializadora e emocional. Até onde? A educação, o respeito, o afeto, o amor familiar devem ser aprendidos com os pais; na ausência deles, com outros membros da família, de preferência, os avós. Nossa sociedade consumista, globalizada, nunca tem tempo; pior, não está preocupada com isso! Quanto de afeto, respeito, educação se pode esperar da atenção de profissionais? E que resultados conseguimos perceber na evolução de crianças cuidadas por pessoas pagas para fazer o papel de mãe e/ou de pai? Sem dúvida, às vezes, dependendo das patologias emocionais e psicossociais das famílias, tais profissionais se comportam melhor do que parentes neuróticos e angustiados, que correm sem parar na luta para sobreviver ou, o que é pior, para pagar os custos de um comportamento altamente consumista, pressionados por um *marketing* agressivo que exige dos mais jovens um consumo exagerado, que leva à necessidade de ganhar cada vez mais, porque sempre é preciso ter um pouco mais: o novo celular, o carro do ano ou, às vezes, é verdade, se faz necessário saldar a prestação da casa, manter o *status* social ou conservar o emprego que nem sempre se traduz em compensação econômica adequada para as perdas emocionais na família, principalmente, em relação às crianças.

Mas o termo terceirização não se refere somente à classe média, com suas babás, empregadas, creches e "escolinhas". A mãe mais pobre, marginalizada, das favelas, também terceiriza. Ou não é isso o que ela faz quando, para ir trabalhar na casa de pessoas mais abastadas, paga uma vizinha para cuidar de seu bebê, que desmama? Ou as famílias mais pobres ainda, que colocam seus filhos, aos quatro ou cinco anos, para trabalhar no campo, nas carvoarias ou até em ofícios mais cruéis, para ajudar um pouco no sustento da família? E as crianças de rua, ou em situação de rua, muitas com família, da qual fogem, porque não suportam o descuido, o desprezo, o desalento de viver sem amor, sem carinho? Meninos e meninas abandonados que encontramos pelas ruas de nossas cidades, sem pai, sem mãe, sem eira nem beira, alguns se prostituindo, outros usando drogas, pedindo esmolas nas encruzilhadas da vida. Muitas vezes, mais que terceirizados, são explorados por adultos inescrupulosos. Claro que são coisas diferentes, mas todos eles são o retrato de uma situação que se repete na história da humanidade. E, às vezes, nós, professores, médicos e intelectuais que lidamos com os problemas sociais, não nos damos conta. Analisarei vários aspectos desse problema neste livro, que pretendo que ajude a sociedade a se debruçar sobre o assunto.

Para terminar, gostaria de relatar uma história que vivenciei há cerca de um ano em São Paulo, no Tatuapé, por volta das 22 horas, quando deixava o *campus* Anália Franco da Universidade Cruzeiro do Sul, onde até bem pouco tempo desenvolvi atividades de ensino e pesquisa como pró-reitor de graduação. Saí dirigindo, preocupado, como sempre, com a violência. Cheguei ao primeiro farol. A noite estava escura e fria. Crianças pediam dinheiro, corriam, atiravam bolas para o ar, tentando atrair a atenção dos motoristas com malabarismos que justificassem um trocado. Pobres artistas que brincam com a vida... Uma menina, de sete, oito anos, sei lá, me chamou a atenção. Chegou junto ao vidro lateral, estendeu uma mãozinha magra, pequena e pediu a esmola... Abri o vidro devagar e tentei, como sempre faço, entabular uma pequena conversa, perguntar se ela tinha fome, se tomava drogas, para descobrir o que haveria por trás daquele sofrimento infantil. Ela estava andrajosa, se vestia de farrapos. Perguntei: "Qual seu nome, menininha? Você não está com frio? Onde está sua mãe?". Ela me respondeu, sem pestanejar: "Eu me chamo cachorra!". Gelei, e meu coração de pediatra quase sangrou. Era isso. Assim a chamavam? Cachorra? Dei-lhe algumas balas, uns trocados, sei lá; ela só não entendeu por que eu chorava e disse: "Moço, não tem medo não, não vou machucar você". Não percebia que o meu machucado já estava sangrando de dó, de raiva, de tristeza, por não estarmos fazendo nada por crianças como ela. Segui em frente. Levei quase 40 minutos para chegar em casa. Sofria muito e não conseguia conter as lágrimas. Em todos os níveis, pensava, em todos os níveis da sociedade, a criança está sendo marginalizada, postergada, distanciada do mundo. Em alguns casos, gaiolas de ouro, com crianças mal-amadas ou malqueridas, ou mesmo amadas, mas malcuidadas; em outros, dificuldades econômicas e, infelizmente, às vezes, miséria total, desprezo pela existência.

Resolvi escrever este livro! Espero que você pense e repense em tudo o que escrevi e me ajude a melhorar o mundo em que vivemos. E só há uma maneira de fazer isso com propriedade e adequação: começando do princípio, pelas crianças.

I. A evolução da situação da criança na história da humanidade

O mundo mudou muito!

Cada vez mais as crianças ficam sozinhas enquanto seus pais correm atrás de trabalho, de dinheiro, do pão de cada dia, tudo sempre muito difícil de conseguir. Geralmente é assim: as coisas ficam difíceis e tentamos obter recursos de onde for possível, a fim de manter nosso modo de vida, o que, atualmente, significa menos tempo em casa com as crianças, com a família.

Mas isso não é novidade. Ao analisar a história da humanidade, observa-se que a criança sempre foi tratada como "descartável". Assustado com a afirmação? Mais adiante, quando apresentar algumas pinceladas sobre a história social da criança, ficará claro que já na Antiguidade isso era um fato. Os próprios mitos gregos contam histórias de crianças abandonadas (Édipo, por exemplo). Há ainda os relatos de Moisés (abandonado numa cesta de vime), de Rômulo e Remo (os lendários fundadores de Roma, que mamaram na loba). São todas histórias de crianças abandonadas. É interessante atentarmos para este fato incrível: na história da humanidade existem dezenas de casos de personagens célebres que foram rejeitadas pelos pais.

Gregos e romanos tinham pouca preocupação com o infanticídio, pois era dado ao pai o direito de vida e morte sobre os filhos. Os gregos não matavam, como frequentemente se diz, apenas os desvalidos, os malformados, os "defeituosos". E, vale ressaltar, matavam-se mais mulheres do que homens, porque os gregos eram guerreiros, além do que o homossexualismo masculino era bem-aceito, pelo menos até o início da vida adulta, sendo usual que nobres mantivessem relações sexuais com adolescentes do sexo masculino.

Já os romanos tinham no abandono, às vezes no infanticídio, uma forma de resolver o problema dos filhos indesejados. Isso era tão frequente naquela época que, todas as manhãs, das janelas do palácio papal, Inocêncio III podia ver, angustiado e estarrecido, os pescadores recolherem suas redes do rio Tibre e, entre os peixes, encontrarem cadáveres de crianças pequenas ou mesmo de bebês que as mães afogavam durante a noite. Terrível, não é mesmo? Muito impressionado com aquele costume, o papa pediu a seus auxiliares que, a partir daquela data, corressem logo cedo até a beira do rio e verificassem se algumas daquelas crianças ainda respiravam para que ele, então, pudesse benzê-las. Tal preocupação originava-se da crença de que, sem a bênção do batismo, elas não poderiam entrar no reino dos céus. Dizem que foi por isso que, numa bula papal, Inocêncio III criou o "limbo", lugar definido como uma caverna escura entre o purgatório e o céu, onde ficavam os pequeninos não batizados mas inocentes, a fim de poupá-los do purgatório e, sobretudo, do inferno. Vale relembrar aqui que o papa Bento XVI aboliu o conceito de limbo.

Todos esses relatos, e outros ainda mais interessantes, constam de vários livros de história publicados nos últimos anos, como o da professora Maria Luiza Marcílio, da USP, que escreveu um interessante tomo sobre a história social da criança. Parece que a ideia de que a criança sempre foi protegida tem de ser revista. Na verdade, desde tempos imemoriais, sobrevivia apenas uma minoria dos bebês que nasciam e, queiramos ou não, no mais das vezes os que restavam eram os mais fortes e, sem dúvida, os que tinham melhor sorte, já que os adultos pareciam não se incomodar de forma alguma com as crianças. No que diz respeito a essa questão da sobrevivência de crianças, note-se que dispomos de mais dados referentes às civilizações ocidentais, pois das civilizações orientais nos chegaram pouquíssimas informações. Na Idade Média, as coisas não eram melhores. A mortalidade infantil (número de crianças que morrem no primeiro ano de vida em cada mil nascidas vivas) era realmente muito alta. Há relatos que indicam que, em toda a Europa, o índice de mortalidade girava em torno de 80% no período do Renascimento, por exemplo. Pela análise dos dados de que dispomos, fica evidente que não havia uma grande preocupação com esse fato e, claro, também não existiam métodos nem conhecimentos que pudessem amenizar tal situação e a condição de sofrimento e abandono de crianças.

No transcorrer deste livro, apresento alguns exemplos clássicos das formas socialmente aceitas de menosprezo às crianças, como o da conhecida *roda dos expostos*, solução proposta inicialmente pela Igreja para que as mulheres pudessem abandonar os filhos, quando não os quisessem ou não pudessem cuidar deles. Outro exemplo histórico foi a instituição da *oblata*, maneira pela qual pobres e ricos doavam seus filhos para conventos, igrejas ou mosteiros, com o juramento de que eles se tornariam religiosos e não abandonariam a vida monástica.

Também destaco o aparecimento das amas de leite como subproduto das rodas dos expostos. Tratava-se de mulheres que levavam as crianças abandonadas para suas casas, a fim de amamentá-las e cuidar delas até que atingissem a idade de voltar para o convento ou de aprender ofícios (de marinheiro, sapateiro, artesão etc., para os meninos, e de "ama de casa", para as meninas). Frequentemente, essas crianças tinham destinos bem conhecidos. Se, na época romana, os meninos viravam gladiadores ou soldados, mais recentemente, do início até meados do século XX, em países como o Brasil, tornavam-se aprendizes de marinheiro ou artesãos. Infelizmente, muitas meninas casavam mal e outras passavam sofregamente pela vida, algumas acabando na prostituição. A mortalidade entre as crianças da roda era assustadora; presume-se que os percentuais chegassem a cerca de 80%.

Portanto, veremos que o abandono de crianças não é novidade... mas, de qualquer modo, o mundo mudou muito!

* * *

Não temos referências exatas sobre a situação da criança nos primeiros tempos da história da humanidade, mas, se nosso antepassados são comuns a outros antropoides, e imaginando como eles tratavam e defendiam seus filhos – como ainda hoje fazem os animais de outras espécies –, é bem provável que, entre os homens das cavernas, as crianças recebessem atenção e cuidado especial. É fácil observar como a amamentação, a proteção e a defesa dos filhotes são prioritárias entre as atividades dos animais quando procriam. Basta ver uma grande gorila cuidando de sua cria e amamentando-a. É uma cena muito terna e bonita. Teriam sido assim as relações de nossos antepassados com seus filhos? O homem saía para caçar e a mulher ficava na caverna defendendo os filhos? Como teria sido o comportamento dos homens das cavernas? Por que, em todas as espécies, percebemos esse cuidado, que raramente se modifica? Por que protegemos tanto nossos filhos? Seriam as necessidades congênitas, genéticas, de preservação da espécie? Estaríamos, com esse cuidado, garantindo indiretamente uma forma de eternidade? São especulações, e é interessante ver nas gravuras que retratam esses tempos imemoriais como os grupos, mesmo nômades, colocavam os filhos sempre em posição privilegiada. Para estes eram destinados o calor, a comida, a proteção. Mesmo com risco para a própria vida, os animais tentam preservar seus descendentes. Seria algo atávico entre os animais e bem notório entre os mamíferos, os quais, pelo aleitamento, garantem proteção ainda mais especial à prole?

    Entretanto, um exame da história social da criança desde a Antiguidade surpreende. Não faz muito tempo tive a oportunidade de ler com grande interesse a obra magistral, de Maria Luiza Marcílio (1998), à qual já me referi (p. 19). O livro me levou a reavaliar algumas questões relacionadas a meu trabalho como pediatra, encantado que sou com as crianças.

    A criança não é, nem nunca foi, o elemento considerado mais importante pela sociedade. Muito pelo contrário, o abandono de bebês é um fenômeno constante na história da humanidade. A naturalidade com que tal costume foi encarado, sua insignificância social, teve diferentes motivações e causas ao longo do tempo, mas as circunstâncias e as atitudes se repetem em todos os documentos disponíveis e há muitas evidências dessa prática em quase todas as grandes civilizações da Antiguidade.

No Antigo Testamento, por exemplo, encontram-se relatos curiosos sobre o abandono de bebês. É o caso de Ismael, filho de Abraão e da escrava Agar. Sara, esposa de Abraão, expulsou Ismael e a mãe para o deserto. Lá abandonado, ele é salvo por ação divina e se transforma, com sua descendência, num grande povo. E não podemos esquecer o caso de Moisés, deixado num cesto de vime à beira do rio Nilo, de onde é recolhido pela filha do faraó (Êxodo 2, 1-10). Como todos sabem, Moisés virou herói do povo hebreu. Tanto na mitologia quanto na filosofia gregas, há vários casos de abandono; são frequentes as narrativas de bebês enjeitados, sobretudo na mitologia. O caso mais amplamente conhecido é o de Édipo, filho de Laio e Jocasta – utilizado, muito tempo depois, para descrever um quadro psicológico que ficou conhecido como "o complexo de Édipo", que traduziria o amor não resolvido do filho pela mãe. Analisando esse mito em seu contexto histórico, ele pode ser interpretado não como uma paixão mal resolvida, mas, sim, como mais uma história de criança abandonada que, sem o carinho e o amor da mãe, passou o resto da vida buscando-os (esta é uma interpretação pessoal, sujeita a críticas e "trovoadas"). Como é do conhecimento de todos, Édipo havia sido abandonado pelo pai no monte Citéron para morrer. Salvo por um pastor, ele foi levado aos reis de Corinto, que o adotam. Édipo se transforma num herói e, sem o saber, acaba se casando com a própria mãe. Embora mais conhecido, esse é apenas um exemplo entre muitos outros.

A Grécia é certamente uma das fontes mais ricas de informações a respeito do abandono de crianças. Em sua obra *República*, Platão sugere que os pais não tenham filhos além dos que possam manter, o que era considerado uma obrigação cívica. O filósofo achava que os pobres não deviam ter filhos e, por incrível que pareça, embora não defendesse o infanticídio abertamente, sugeria que entregassem seus filhos para famílias mais abastadas que pudessem criá-los em melhores condições. Também surpreendente é saber que Aristóteles, na obra *Política*, defende a limitação da prole e o aborto, aprovando o abandono como uma forma de controle do tamanho da família. Achava, pasmem, que a lei deveria determinar quais crianças seriam destinadas à morte por abandono.

Ninguém desconhece que os princípios da eugenia têm suas origens no consenso, existente na Grécia antiga, que determinava a exposição dos bebês nascidos disformes, sendo mais frequente o abandono de meninas do que de meninos (os gregos constituíam uma sociedade altamente machista, guerreira, e a mulher ocupava um papel secundário na constituição da pirâmide hierárquica helênica, segundo muitos historiadores – ver Marcílio 1998). Aliás, o adjetivo "espartano" deriva precisamente do modo como a vida era organizada em Esparta e, principalmente, da forma como as crianças eram tratadas naquela sociedade. Aos sete anos, a criança era considerada adulta e tinha início seu "adestramento" (treinamento, ou *agoge*). Na verdade, os meninos começavam o serviço militar a partir dos oito anos de idade e era comum e importante a vida austera, com treinamento rígido para a sobrevivência. Havia mesmo casos de flagelação pública (*chiamastigosis*) de crianças, como punição por desobediência, fraqueza etc.

Pouco a pouco, com o advento do cristianismo e com a influência progressiva da Igreja, a violência tende a ser reduzida, embora em Roma a história das crianças não tenha sido muito diferente, com várias descrições de problemas herdados dos gregos. Por exemplo, no centro de Roma havia um local chamado Coluna Lactária, onde bebês eram abandonados e podiam ser recolhidos por quem os desejasse. O terrível é que, muitas vezes, esses infelizes se transformavam em alimento para cães.

É apenas durante o reinado de Constantino que se inicia o fim do infanticídio entre os romanos e a Igreja passa a dar um sentido sagrado à vida. Vários pensadores e santos católicos se debruçaram sobre o tema, como são Gregório no século IV, posteriormente, são Tomás de Aquino no século XIII, e o papa Pio X no início do século passado.

Historicamente, a piedade e a caridade só começam a ter papel de destaque no controle dessa atrocidade durante o século V. É quando a Igreja modifica o simbolismo do abandono das crianças. Aparece a oblata. Pela *oblatio* ou oblação, abandonar crianças nas igrejas passou a ter uma nova conotação. Popularizou-se então o costume de doar o filho ou a filha indesejados a instituições de caridade, monastérios ou a alguma ordem religiosa. Assim obrigava-se a criança a adotar a vida religiosa, abrindo mão de quaisquer bens de família, que deveriam passar à Igreja quando da morte de seus parentes.

Em suma, nota-se que durante toda a Idade Média e em épocas posteriores há um processo contínuo de modificação de mentalidade em relação à criança e à infância de modo geral.

Talvez uma das razões para o desprezo em relação às crianças até a Idade Média tenha sido exatamente o alto índice de mortalidade já referido. Além do fato de que apenas algo em torno de 15% delas conseguiam chegar ao final do primeiro ano de vida, destas, muitas morriam antes de chegar a sete ou oito anos. No contexto das condições de saúde, saneamento e alimentação da população, atingir a idade adulta era uma grande vitória. Some-se a isso uma medicina ainda incipiente, em seus primórdios, dando ensejo a doenças endêmicas.

Ainda nessa época desenvolve-se a prática de colocar crianças abandonadas na casa de outras famílias, onde elas eram iniciadas nos trabalhos domésticos. Na verdade, só muito mais tarde começa a se expandir a ideia de igualdade de oportunidades entre crianças ricas e pobres. Também foi apenas no III Concílio de Latrão, em 1179, que se decidiu que toda igreja teria uma escola. Era a educação oficial, formal, assumida pelas entidades religiosas.

A qualidade de vida das populações – e consequentemente das crianças – foi melhorando com o passar dos tempos, de acordo com o relato de muitos historiadores, mas esse processo levou vários séculos. Antes disso, as crianças foram muito maltratadas, tanto em países da Europa como, depois, no continente americano, principalmente na América Latina. Em gravuras da época do Brasil Colônia, por exemplo, são retratadas crianças escravas sendo alimentadas no chão, ao redor da mesa dos senhores, como se fossem animais de estimação. Há até mesmo um desenho, já muito divulgado, no qual se vê um bebê (de, no máximo, sete ou oito meses) com uma corrente ao pescoço.

A alta mortalidade infantil compensava a alta natalidade e a inexistência de planejamento familiar. A mulher era uma reprodutora e as crianças serviam como mão de obra barata. Quando não sobreviviam, não faziam falta, pois as sucessivas gravidezes encarregavam-se de manter o crescimento populacional ou, pelo menos, sua estabilidade.

Assim, se nas civilizações mais antigas (Grécia, Roma) o infanticídio era permitido – e, até certo ponto, incentivado –, passou-se progressivamente a uma outra maneira de desapreço: a oficialização do abandono que teve, como consequência, altas taxas de mortalidade em razão do desmame precoce, sem que houvesse qualquer possibilidade de substituição alimentar adequada, além das condições sanitárias precárias.

A criação da roda dos expostos

Entre os séculos I e V depois de Cristo, a Igreja foi o principal fator de influência na valorização das crianças ao desestimular os castigos, impedir o abandono e condenar o infanticídio. Nesse período, passou a ganhar destaque o papel da mãe e da família na manutenção da saúde dos pequeninos. Foi quando, por todo o Ocidente, começaram a surgir iniciativas para diminuir o abandono. Uma delas foi a instauração da roda dos expostos (locais, em igrejas ou órgãos públicos, onde crianças recém-nascidas, rejeitadas pelas mães por qualquer motivo, podiam ser deixadas para serem cuidadas por religiosos ou por pessoas da sociedade que "faziam a caridade" de atendê-las). A última roda dos expostos brasileira de que se tem notícia foi a da Santa Casa de São Paulo, extinta em 1951, que hoje se encontra no museu daquela instituição.

E o que era a roda dos expostos? A forma era quase sempre a mesma: uma caixa de madeira com uma "gaveta" ou um cilindro giratório, com abertura dupla para o exterior e para o interior de uma igreja ou de uma instituição pública ou privada que acolhia crianças. A pessoa, geralmente a mãe, que desejasse "livrar-se" de um bebê, ia à noite até uma dessas rodas, colocava-o dentro da gaveta, girava-a para dentro, tocava uma sineta e partia. Assim, a criança era introduzida em outro mundo, no qual teoricamente seria recebida, alimentada e cuidada. Frequentemente ali encontravam-se também bilhetes com o nome do bebê e outras informações, como a de seu batismo. Algumas vezes, havia ainda recomendações especiais. Em muitas rodas do nordeste brasileiro, por exemplo, se a criança não tinha nome, recebia o nome do santo do dia e, eventualmente, sobrenomes de famílias abastadas que patrocinavam aquelas obras. Amiúde, logo nos primeiros dias esses bebês eram entregues a mulheres que os amamentavam (amas de leite), as quais deviam apresentar-se periodicamente à igreja ou ao hospital em questão para mostrar que as crianças estavam vivas e com saúde. Houve momentos, principalmente na Europa, em que eram pagos pequenos soldos a essas senhoras "amamentadoras", para que exercessem esse papel – o que, claro, muitas vezes acabou causando problemas. Havia pessoas que solicitavam vários bebês para ganhar um pouco mais. Outras, no caso de a criança falecer (o que era muito comum nos primeiros meses), usavam outros menores, emprestados, para apresentar à instituição e receber seus estipêndios. Via-se de tudo e, infelizmente, apesar do aleitamento materno adotivo, a mortalidade era muito alta entre essas crianças. A maioria falecia antes de completar o primeiro ano de vida. Em alguns casos, as amas de leite se afeiçoavam aos bebês e os tratavam com carinho e dedicação, mas algumas mulheres colocavam os próprios filhos na roda para, em seguida, recolhê-los, amamentá-los e receber dinheiro por isso.

Infelizmente, na maioria das vezes, as crianças das rodas dos expostos sucumbiam; eram raras as que sobreviviam nas famílias adotivas até dois ou três anos de idade. Quando viviam até mais tarde, a exemplo do que foi dito anteriormente sobre o costume espartano, eram induzidas à vida adulta: tinham de aprender ofícios (carpintaria, marcenaria, forças armadas etc.), trabalhar como ajudantes nas casas das famílias que as adotavam ou até, no caso das meninas, ser preparadas para o casamento ou, pior, para a prostituição.

As rodas dos expostos perduraram por vários séculos na Europa e nas Américas. Com o advento das creches, as mães pobres e operárias passaram a ter um local adequado para deixar seus filhos, mas as rodas não desapareceram automaticamente. É ademais duro constatar que recentemente temos visto em vários lugares, principalmente na Itália, o reaparecimento de similares, para resolver o problema que volta a surgir na sociedade.

Há pouco, em reportagem televisiva, foi divulgado um tipo de incubadora de vidro transparente, aquecida, que estaria à disposição de mães que quisessem doar seus filhos, sem risco para o bebê. Esse produto foi colocado em um hospital europeu. A roda está voltando? Parece que sim...

Quais seriam os fatores do abandono na época de grande utilização da roda? Parece que eram os mesmos que persistem ainda hoje: ocasionalmente, dificuldade de aceitar uma gravidez inesperada, mas, na maioria das vezes, principalmente na Europa dos séculos XVII e XVIII, o problema eram os filhos nascidos fora do casamento, a miséria dos pais ou ainda a morte de um dos responsáveis, acarretando grande dificuldade para o sobrevivente em cuidar da prole. Não era fácil ser viúva de classe baixa e com filhos pequenos. Uma das soluções para essas mães era diminuir o número de bocas a alimentar, e as rodas serviam para aliviar essa carga que muitas não conseguiam carregar.

Como muitas das crianças abandonadas na roda morriam, o destino das que escapavam não costumava ser muito melhor. Conforme já mencionado, podiam ser "adotadas" por uma "mãe substituta" (a "criadeira", como era chamada), devolvidas aos lares de origem quando as mães reapareciam e pediam as crianças de volta, entregues a qualquer outra família ou transformadas em presas de mercadores de escravos (principalmente as mestiças e as negras) ou em oblatas nos conventos.

Apesar de todos os problemas da roda dos expostos, muitos médicos e autoridades as defendiam, porque achavam que era melhor do que a sina de crescer sem família. Argumentava-se também que a roda era de inspiração cristã, uma conquista da civilização contra a barbárie. Vários médicos recém-formados defendiam suas teses com argumentos de que a roda poderia

Fonte: Ospedale degli Innocenti, Florença. Disponível em: en.wikipedia.org/wiki/Image:Ruota_Innocenti.jpg

Fonte: Ospedale Santo Spirito, Roma. Disponível em: en.wikipedia.org/wiki/File:Vondelingenluikje.JPG

Fonte: Capela de Santa Eufémia, Portugal. Disponível em: www.esec-satao.rcts.pt/eufemia/Nova%20pasta/Pict1693.jpg

Fonte: Roda dos Expostos, Portugal. Disponível em: resistir.info/portugal/imagens/roda_dos_expostos_1843.jpg

ser o único refúgio para o que nasceu nos braços da miséria e do crime. Naquele momento, também avançava cada vez mais a concepção segundo a qual a família, ou pelo menos a mãe, era fundamental para o desenvolvimento não apenas físico, mas também psicológico, social e afetivo da criança.

No fim do século XIX, alguns fatores vieram colaborar para a diminuição da roda dos expostos e, principalmente, da ação das amas de leite. Entre eles destaca-se o desenvolvimento da bacteriologia, com a pasteurização do leite e, sobretudo, com as grandes e interessantes descobertas no terreno da fermentação e da microbiologia. Quando o leite de vaca começou a ser esterilizado e, em seguida, surgiram as mamadeiras, os bicos de borracha etc., as amas de leite foram sendo dispensadas e, aos poucos, as rodas foram se extinguindo, desaparecendo definitivamente da paisagem europeia em fins do século XIX.

Nesse cenário histórico brevemente esboçado, e que teve por base alguns documentos e livros citados na bibliografia, procurei expor o desenvolvimento da visão social da infância. Para os interessados, é possível esmiuçar ainda mais essa trajetória. Há um trabalho muito interessante que examina teses de conclusão de curso de médicos cariocas, intitulado "A imagem da infância nas teses da Faculdade de Medicina do Rio de Janeiro (1832-1930)" (Espírito Santo *et al.* 2006). Seus autores apresentam claramente a evolução da forma de ver e entender a criança num contexto bastante amplo.

Aqui, interessa-nos analisar o que aconteceu no século XX, principalmente nos últimos 40 anos, estendendo-nos até o início do século XXI, momento de marcantes transformações sociais, com um significativo crescimento da utilização de mão de obra feminina pelo mercado de trabalho, afastando as mulheres do convívio com os filhos. Essa situação é agravada pela frequente falta de cumplicidade do pai, do marido ou do companheiro, levando ao aumento das atividades executadas pela mulher, que passou a ter dupla, ou mesmo tripla, jornada. Nos últimos anos do século XX e neste início do século XXI, a mulher é também, muitas vezes, cabeça de família. Mas a grande incógnita que temos de resolver como sociedade é: o que fazer com as crianças?

É sobre esse impasse social moderno que estou me debruçando ultimamente. As mães das crianças que acompanho como pediatra, às quais procuro ajudar, têm demonstrado um desespero crescente, uma culpa sem limites, por se sentirem "puxadas" pelo mercado, pela necessidade de ganhar dinheiro, pelas atividades externas ao lar. Não lhes sobra tempo para exercer o papel materno fundamental. Estariam elas se dando conta disso?

Ter filhos é uma obrigação? Não seria o caso de reavaliar e repensar tudo isso? Como compatibilizar diferentes tarefas sem prejudicar a relação entre mãe e filho, fundamental para a formação da personalidade infantil? E o pai, onde está? Por que corremos tanto atrás de conquistas materiais, de mais um celular, de um carro novo ou mesmo de diversão e prazer, sem perceber que o tempo vai passando, as crianças vão crescendo, e que esse tempo nunca mais vai voltar? Quanto nos custa tudo isso? Aonde chegaremos? Será que esta sociedade consumista, pontuada pelo egoísmo e pela escassa presença do amor, é um dos fatores dessas mudanças radicais nas relações familiares?

São essas questões que desejo discutir com você enquanto passeamos por realidades que afetam todos nós, mas sobremaneira as crianças.

2. A violência contra a criança

Até aqui falamos de história, de passado, de coisas que nos preocupam e que preocuparam nossos antepassados. E agora, no fim do século XX e começo do século XXI, o que nos tem inquietado?

Desde a década de 1960, assistimos a uma sistematização de conhecimento e a uma série de descrições que atentam para a situação da criança na sociedade. Em 1961, Henry Kempe descreve a síndrome da criança espancada. Foi o primeiro passo para um maior conhecimento da situação e para avanços consideráveis na prevenção e no tratamento da violência contra a criança e o adolescente. Também nessa mesma época, no Brasil, surgem os primeiros relatos de maus-tratos contra crianças e descrevem-se os primeiros casos da síndrome de Munchausen, que descreveremos a seguir. Em 1973, descreve-se e publica-se na imprensa científica um dos primeiros casos de espancamento infantil. E já em 1978, no ano Internacional da Criança, começa-se a enfocar a história da criança no Brasil e a pesquisar sobre o assunto.

Em 1988, promulga-se o Estatuto da Criança e do Adolescente (ECA), que determina uma nova visão da relação entre filhos e pais, o que permite um entendimento muito mais amplo e democrático dessas relações em que as crianças já não são vistas como propriedade dos pais. O ECA torna obrigatória a notificação, por parte dos profissionais da saúde, de casos suspeitos ou confirmados de maus-tratos a crianças, verificados em quaisquer ambientes, públicos ou privados. É ainda em 1988, portanto, há quase 20 anos, que o Ministério da Saúde cria o comitê técnico-científico, juntamente com a Sociedade Brasileira de Pediatria e representantes da sociedade civil, para elaborar a proposta de política nacional de redução da morbimortalidade por acidente e violência, publicada finalmente em 16 de maio de 2001, na portaria 1968 de 25 de outubro de 2001 do Ministério da Saúde. Nesse momento, torna-se compulsória a notificação de casos de maus-tratos às crianças. Infelizmente, apesar de essa portaria ser indicativa de que maus-tratos não significam apenas violência física, mas também sofrimento moral, psíquico, abuso sexual etc., o que temos visto nem sempre é realmente eficaz na prevenção do sofrimento infantil, principalmente nos casos em que as crianças estão afastadas de seus responsáveis imediatos, pais e mães, muitas vezes também em situação altamente perigosa, consumidos pelo álcool, pelas drogas e, em alguns casos, na mais profunda miséria.

A questão dos maus-tratos é tão grave, principalmente entre crianças abandonadas e de rua, que merece este capítulo especial. Os maus-tratos incluem várias das seguintes situações, todas muito dolorosas:

- violência doméstica;
- negligência ou abandono;
- sevícias ou abuso físico;
- síndrome de Munchausen;
- síndrome do bebê sacudido;
- abuso sexual;
- abuso psicológico.

A discussão de cada uma dessas situações poderia se estender por várias páginas, mostrando o sofrimento a que essas crianças estão submetidas.

A síndrome de Munchausen, particularmente, constitui uma entidade clínica hoje bem delineada, mas não difere muito dos outros quadros. A síndrome de Munchausen é conhecida desde 1951 e está associada à simulação de doenças que, de fato, não existem. Mães que, por exemplo, alegam que seus filhos têm convulsões, dores, falta de ar, desmaios, e essas manifestações nunca se consubstanciam como uma doença verdadeira.

Que condições predispõem crianças e adolescentes aos maus-tratos? Essas condições frequentemente estão associadas a vários fatores, que dependem do agressor (pai, mãe, padrasto, parente, vizinho), da vítima e de suas características (idade, estado de saúde mental e psicológica, defeitos físicos porventura existentes, que podem prejudicar o relacionamento com adultos e outras pessoas), da classe social, da comunidade e, claro, dos problemas familiares. Em relação à classe social, algo que chama a atenção de muitos pesquisadores é que, ao contrário do que possa parecer, não é necessariamente na classe menos privilegiada que acontecem as maiores violências e agressões. Nas classes sociais mais elevadas tudo também pode acontecer, mas, infelizmente, na maioria das vezes, camuflam-se os problemas mais graves.

Todos devemos estar atentos para indícios diretos e indiretos de maus-tratos que as crianças possam estar sofrendo. Os médicos intensivistas e, particularmente, os pediatras e os socorristas devem prestar atenção a alguns sinais, que servem também para alertar qualquer pessoa que esteja preocupada com a situação de crianças abandonadas, sozinhas ou colocadas em creches ou em outros locais de atendimento. Tais indícios são:

- fratura de crânio (batida da cabeça no berço, queda ou agressão?);
- fraturas nas pernas (no fêmur, principalmente) em crianças menores de um ano;
- hematomas ou fraturas em várias partes do corpo, sem relato claro do acontecimento;
- queimaduras e mordeduras;
- lesões em áreas não comuns de acidentes, geralmente encobertas (genitália, nádegas);
- lesões em vários estágios de cicatrização ou cura;
- demora em procurar atendimento médico após acidentes;
- higiene precária, vestuário em desacordo com o clima, a temperatura, a umidade etc.

Crianças que apresentam esses indícios costumam ter comportamento alterado e, frequentemente, mostram tendência a se tornarem agressivas, apresentam baixa autoestima, além de sintomas de *deficit* de atenção e hiperatividade (embora nem sempre a correlação exista de maneira clara e evidente, ou seja, pode haver hiperatividade e *deficit* de atenção mesmo em crianças bem-cuidadas e amadas). Crianças abandonadas, maltratadas, mal-amadas podem apresentar, além disso, dificuldades de relacionamento pessoal, baixo rendimento escolar e, o que é muito triste, delinquência, abuso de drogas, diminuição da capacidade cognitiva e do desenvolvimento da linguagem. A gravidez precoce pode ser outro indício que, infelizmente, aparece com frequência nesses grupos de crianças.

Aqui, não estamos falando da criança terceirizada do dia a dia, da criança que vive abandonada em gaiolas de ouro, cujos pais ou cuidadores não a maltratam, apenas não têm tempo ou percepção para dar a ela atenção, carinho e cuidados. Não, aqui, estamos falando de um tipo de terceirização muito mais grave, que é o provocado pelo abandono, pela agressão e pelo abuso, que podem marcar para sempre a vida de um ser humano, transformando-o em alguém infeliz para o resto da sua vida.

Só para citar alguns detalhes estatísticos da gravidade do problema da violência e do abandono infantil no nosso país, dados relativamente antigos (de dez anos atrás) indicavam que a violência de todos os tipos estava entre as primeiras causas de morte entre crianças dos cinco aos 19 anos e era a segunda causa de morte na idade de um a quatro anos. As porcentagens de morte nos vários grupos etários eram respectivamente:

- 22,6% de um a quatro anos;
- 48,2% de cinco a nove anos;

- 56,3% de dez a 14 anos;
- 72,2% de 15 a 19 anos.

Seguramente, esses dados devem ter piorado muito na última década, principalmente em virtude da deterioração das relações sociais, da violência urbana e do empobrecimento da população.

Enfim, este capítulo da violência física e psíquica contra a criança talvez sirva para uma comparação com os outros tipos de sofrimento que, se não são tão evidentes, também deixam sequelas. E há ainda na sociedade atual outros problemas muito sérios que não apenas o da violência: o do abandono, o da criança de rua e o do trabalho infantil, com todas as suas mazelas.

3. A criança abandonada (de rua) e o trabalho infantil

Antes de nos debruçarmos sobre o problema da criança em situação de rua, cabem comentários a respeito do trabalho infantil.

Há muitas estatísticas e centenas de trabalhos de pesquisadores brasileiros e estrangeiros sobre o assunto. É preciso, antes de tudo, deixar bem claro que a criança, principalmente antes dos 12 anos, não tem aptidão nem mesmo condições psicoemocionais e físicas para realizar trabalhos, quaisquer que sejam eles. A humanidade, de qualquer modo, precisa preservar esse período do desenvolvimento e do crescimento para atividades lúdicas e de aprendizado, que levem o indivíduo a avançar para a idade adulta de forma prazerosa e num ambiente de paz e tranquilidade. Utopia? Bem sabemos...

Infelizmente, as coisas não se passam dessa forma e, desde tempos imemoriais, as crianças são trazidas para atividades profissionais, remuneradas ou não, muitas vezes perigosas e sem qualquer retribuição emocional ou afetiva, ou seja, sem alegria nem prazer. Isso, quando acontece, costuma ser desastroso para o desenvolvimento infantil, podendo, além das dificuldades físicas e das lesões, acarretar prejuízos psicológicos muitas vezes irrecuperáveis, quando não levam à morte.

Há numerosos livros sobre o problema. Li muito a respeito e acredito que não seja esse o escopo deste livro, apenas quero apresentar esses temas para que não se pense que o esqueci.

Há quem se pergunte se é melhor deixar a criança na rua ou colocá-la, após doze anos em algum tipo de atividade, vigiada, remunerada adequadamente, por tempo diário muito limitado (nunca mais de quatro horas), como aquelas crianças que víamos até bem pouco tempo atrás na saída dos supermercados, ajudando no empacotamento. É difícil avaliar se isso é pior ou melhor do que proibir qualquer tipo de ganho e atirar as crianças na rua para pedir esmolas ou praticar pequenos furtos. É difícil dizer sim ou não. Pessoalmente, continuo defendendo que a infância é a época da alegria, do prazer, da diversão, do brincar. E brincar é coisa séria. Leve sempre a sério as brincadeiras de seus filhos.

Em alguns dados recentes sobre o trabalho infantil no mundo, descobrimos que, na década passada, havia cerca de 256 milhões de crianças entre quatro e 15 anos trabalhando (destas, 120 milhões em tempo integral, segundo pesquisa da Confederação Mundial do Trabalho-CMT). A distribuição por região se dava aproximadamente da seguinte maneira: 153

milhões na Ásia; 80 milhões na África; 17,5 milhões na América Latina e 5,5 milhões nos Estados Unidos (entre 12 e 15 anos). Esses dados são da Organização Mundial do Trabalho (OIT).

Esses números mostram que o problema, infelizmente, não é só brasileiro e permitem discutir outro aspecto interessante: quando se fala em trabalho infantil, não se levam em conta os trabalhos realizados em domicílio, em espetáculos de pequenos artistas etc.

Na verdade, o trabalho em nosso país e principalmente no Terceiro Mundo se reveste, na maioria das vezes, de características muito penosas, como aquele realizado por crianças de sete ou oito anos, e até menos, em carvoarias, no campo, na colheita de cana, em pedreiras; ou trabalhos realizados com máquinas ou próximo a elas, que podem causar lesões até definitivas. Essa é também uma forma de abandono e de exploração da criança.

Há um tipo de trabalho que vemos diariamente em nossas metrópoles e que já não nos assusta (infelizmente): o dos pedintes, dos malabaristas das esquinas, dos lavadores de vidros de carros, dos vendedores de flores, balas, carregadores de celular, enfim, de tantas coisas. Crianças exploradas ou mesmo escravizadas por adultos que as utilizam como mão de obra barata, quando não fazem delas prostitutas. São as crianças em situação de rua, ou os meninos e meninas de rua, "população heterogênea e que utiliza o espaço de rua em diferentes momentos e com objetivos diversos" (Hutz e Koller 1997).

E o que leva essas crianças às ruas? Por que abandonam seus lares?

Primeiro, é preciso dizer que nem todas as crianças de rua deixam de ter família ou lar. Muitas delas voltam esporadicamente para casa, principalmente nos primeiros momentos de abandono.

Entretanto, em muitos casos, o lar é tão falido, tão difícil, tão árduo e complexo, com pais ausentes, drogados, alcoolizados, violentos ou abusivos, que, para elas, ficar na rua é muito mais adequado e prazeroso do que continuar em suas famílias, que não lhes trazem nada de afeto e amor. Terceirizam a si próprias, ganhando *status* de adultas precocemente, tentando sobreviver em outros grupos, por meios lícitos ou ilícitos, e usando o espaço da rua de forma bem segmentada, com várias finalidades. É um abandono às avessas, que, no fundo, busca a sobrevivência.

A maioria dessas crianças já teve experiência escolar, mas esse vínculo se rompeu em virtude de sucessivos fracassos. Os motivos apontados pelos diversos autores que estudam o problema, frequentemente, indicam ausência de apego familiar, inexistência de vínculo pessoal com a mãe e com a família, ausência de contato físico, falta de amamentação, terceirização dos primeiros cuidados maternais, usualmente alocados a vizinhos ou parentes que nem sempre têm a competência e a qualidade afetiva necessárias para formar tal vínculo. Outras causas apontadas incluem negligência, violência doméstica e abusos físicos, emocionais e mesmo sexuais.

Quando indagadas, essas crianças geralmente dizem que suas casas são lugar de punição, hostil e perigoso, e que o número de eventos de risco a que estão submetidas no lar muitas vezes supera o que enfrentarão na rua. Aos pais, frequentemente, atribuem adjetivos como: ausentes, doentes, desinteressados, abusivos, violentos. Isso é tão importante que a maioria dos estudos mostra que a criança não sai de casa de repente, de um dia para o outro, mas de forma gradativa, num "processo que se inicia com idas e vindas e termina com a escolha da rua para viver" (Menezes e Brasil 1998).

É notável que, entre essas crianças, existam mais meninos do que meninas, porque as meninas são mão de obra na miséria em que vivem: desempenham função de babá, pois cuidam das crianças menores, limpam a casa e, muitas vezes, lamentavelmente, servem de objeto sexual para os adultos. As meninas acabam ajudando na terceirização dos irmãos menores, porque as mães saem de casa e delegam a elas (meninas de sete ou oito anos) o cuidado dos bebês, com as piores consequências para ambas as crianças, a cuidada e a cuidadora.

A vida na rua, ou em situação de rua, gera altos níveis de estresse, pois os riscos são frequentes e intensos e exigem o desenvolvimento de habilidades de defesa, testam a vulnerabilidade emocional, física, social e cognitiva das crianças. Elas estão expostas a todas as mazelas sociais. A busca de alimento e abrigo, e mesmo de compensações emocionais, leva-as ao crime e à violência e, se para as pessoas comuns a rua é um local de trânsito, de passagem, para essas crianças abandonadas e miseráveis, pode ter várias conotações e possível de muitos olhares. Pode ser o lugar onde se consegue alimento, dinheiro, drogas e até local de divertimento, abrigo e esconderijo. Por isso, essas crianças acabam por desenvolver conhecimentos específicos segundo alguns autores (a "sabedoria de rua"); adquirem repertórios específicos para cada situação. Assim, aparecem grupos (as crianças costumam ser gregárias, por necessidade e por desenvolvimento) com interesses bem específicos, sejam eles sociais, econômicos ou afetivos, que acabam por dar uma sensação de segurança que garante a sobrevivência. Às vezes, desconfiadas e precavidas em razão dos vários dissabores pelos quais geralmente passam, as crianças resistem a aproximações, mas acabam por buscar a ajuda de instituições e mesmo de benfeitores ocasionais. Tive a oportunidade de, em duas ocasiões, realizar trabalhos de investigação científica orientando dois alunos do mestrado de pediatria. A primeira pesquisa foi realizada por um psicólogo que analisou o dia a dia de um grupo de crianças em situação de risco em São Paulo, acompanhado por aproximadamente dois anos, período em que foi possível estudar a diminuição do grupo, a morte de alguns de seus membros e toda a dinâmica de relacionamento inerente a ele. A outra investigação, mais recente, foi desenvolvida por um professor de odontologia que estudou as condições de saúde odontológica de menores em situação de rua. Em ambas as experiências, pudemos comprovar muitas das informações e das teorias que vemos coletadas em vários outros trabalhos.

Nessas experiências, bem como em outros relatos, é possível constatar a instabilidade das relações dessas crianças entre si. Os grupos, altamente instáveis e nem sempre constituídos de pessoas adequadas, acabam por serem úteis, porque protegem, servem de defesa contra os crimes de violência. Esses grupos de relacionamento terminam por prestar cuidados mútuos e têm um caráter de reciprocidade, até porque a violência se tornou natural no ambiente onde vivem tais crianças, frequentemente vítimas de uma violência que faz com que não acreditem em si mesmas ou não reconheçam suas próprias potencialidades. Talvez aí esteja algo que nem sempre compreendamos. Muitas vezes, o papel de agressor é usado como estratégia de sobrevivência.

Como conclusão deste capítulo em que se discutiu a condição de abandono das crianças em situação de rua, pode-se afirmar que elas ficam constantemente expostas a todos os tipos de violência no dia a dia. Para sobreviverem, necessitam de uma boa capacidade de relacionamento e é por meio de seus relacionamentos que desenvolvem estratégias de busca de abrigo, alimento, afetividade e segurança. Viver na rua, pasme, pode ser melhor do que no próprio lar de origem. Como descrevi em capítulo anterior, para uma menininha, mesmo ser chamada de cachorra pode ser melhor do que viver em um lar no qual o abuso físico e sexual é constante.

Infância perdida, infância roubada

Não sei se perdida ou roubada,
por certo não pela própria vontade
a infância está diluída num país de meia-idade
vivendo em novo milênio...
Uns nas ruas, sem ter para onde voltar,
outros cola a cheirar,
tantos trombadinhas a roubar pertences alheios,
sem ter quem lhes direcione a vida...
Nos sinais, a vender balas, chicletes, frutas.
E se não venderem o encomendado,
cada um é surrado, humilhado e pode ir deitar sem comer...
Nas carvoarias, nas cozinhas, em vez de soltar pipas,
pular amarelinhas, jogar bola e brincar de pique,
Trabalham além de seus limites,
Exaustos, queimados, cobrados...
Alguns são filhos de putas, outros são filhos de santas,
Muitos sofrem pela sedução
Das drogas, do sexo precoce...
Abuso, estupro, prostituição, gravidez, aborto.
Meninas mulheres fazem mil erros
para ganhar o suficiente para o leite, para o pão...
Muitas jogadas fora
Quais cães sarnentos...
Quantas crianças alugadas, vendidas, desaparecidas...
Ao ver animaizinhos enjaulados para serem vendidos,
nos dias de hoje, o que parece muito natural,
pois todos se esquecem que é livre o animal,
não posso deixar de perguntar: daqui a quantos anos,
crianças enjauladas para um livre comércio
parecerão aos nossos olhos, então já acostumados,
algo muito natural?

Clevane Pessoa

Quando vejo as discussões acaloradas da classe média urbana defendendo a redução da maioridade penal para 16 anos, em face da violência, não resisto à tentação de lembrar que, desde 1990, com a Declaração dos Direitos da Criança e com a criação do ECA, bastaria que se cumprisse a lei. O ECA é um documento baseado nas convenções e declarações dos direitos da criança da Organização das Nações Unidas (ONU) e nas famosas regras de Beijing, documento internacional que estabeleceu regras para o tratamento do jovem em conflito com a lei. É curioso que, até no próprio linguajar das pessoas, se pode ver o preconceito e a marginalização social. Usa-se o termo "criança", geralmente, para a bem-nascida e a palavra "menor" para a pobre e miserável. Diz-se menor abandonado (e não criança sozinha, sem ninguém, desprovida de qualquer carinho). Será que, se usássemos o termo criança, nos sensibilizaríamos mais? Menores carentes, infratores, delinquentes, bandidos, de rua são os termos o mais pejorativos possível que se ouvem quando se fala da questão da criança abandonada em nosso país. Nesses casos, nem dá para falar em terceirização, só se for terceirização de si próprias. Sim, as crianças de rua fogem de lares desfeitos, de locais de perversão e buscam um lugar melhor para viver, longe de regras, de abusos... a rua! Não é paradoxal?

    Alguns dados recolhidos de estatísticas disponíveis nos mostram números assustadores. Calcula-se que vivem nas ruas, abandonadas, cerca de oito milhões de crianças. Destas, muitas têm pais alcoólatras ou drogados. Muitas nunca conheceram o pai ou não têm qualquer estrutura familiar consistente e sadia que as ampare. Dormem sob marquises, comem muito mal e desconhecem regras mínimas de higiene. Na tese de meu aluno de mestrado que estudou a higiene bucal e a prevenção das cáries, pudemos demonstrar que essas crianças não têm acesso à água, à escovação dentária ou a qualquer outro recurso que as ajude a evitar a destruição precoce dos dentes. Geralmente, essas crianças não frequentam escolas, das quais também fugiram precocemente, se é que algum dia lá estiveram. Além disso, muitas vezes, a desnutrição, aliada à falta de estímulo e de apoio a qualquer aprendizado, leva-as a um comprometimento intelectual e cognitivo. Podem ser consideradas órfãs de pais vivos, porque estes, se ainda não morreram, estão constantemente ausentes, por múltiplas causas (prisão, doença, tráfico de drogas, dependência química, prostituição etc.). Finalmente, além de tudo, uma das características dessa população é o ócio. Se não estão sendo exploradas por algum adulto, ficam sem fazer praticamente nada durante todo o dia, apenas buscando aventuras, realizando pequenos roubos, traficando a pedido de adultos, ou simplesmente permanecem jogadas pelos cantos, mendigando comida.

Num livro como este, que se propõe a discutir a terceirização de crianças das classes média e alta, a leitura e a constatação desses dados que acabo de apresentar podem assustar, e muito. Mas é isto que pretendo: que as pessoas se deem conta da necessidade e da importância da valorização do crescimento e do desenvolvimento infantil e do tempo que passa célere e que não volta mais. Quem perdeu a chance de "curtir" seu filho de um ano, dois anos, três anos, de brincar com ele, nunca mais terá essa chance. Hoje, quando ele lhe estende a mão para receber seu abraço, seu beijo, não será da mesma maneira que daqui a 15 anos, na adolescência. Aliás, voltarei a comentar esse assunto. Quase sempre, quando alguém me diz: "Ah, estou muito preocupado, porque 'fulaninho' está chegando na adolescência e agora preciso lhe dar uma atenção especial", fico tentado a rebater: "Olha, acho que esse tempo já passou e, se você não começou lá atrás, no primeiro ano, não sei se vai adiantar muito agora e se você vai conseguir recuperar o tempo perdido".

4. A terceirização propriamente dita

Não sei quem usou esse termo pela primeira vez. Ele me ocorreu de repente, em reuniões de pediatras, quando com outros colegas avaliava o que está acontecendo hoje nos consultórios, nos ambulatórios de pediatria e nos prontos-socorros infantis.

Eu, que atendo crianças desde 1969, cada vez mais me espanto com a mudança dos tempos e da forma de lidar com elas. É claro que há exceções, louváveis, aliás, mas a regra é realmente diminuir ao máximo o trabalho e o cuidado com as crianças, particularmente na última década. Tenho a impressão, e imagino que outros colegas também, de que a arte feminina de cuidar das crianças está sendo esquecida. É a impressão de que as avós atuais (há exceções, insisto) esqueceram de ensinar às filhas e, por que não, aos filhos também, a importância da arte milenar, transmitida de geração para geração, de como cuidar de um filho, desde o estímulo ao parto natural (a grande maioria das mulheres escolhe cesarianas) até a amamentação bem-sucedida, para estabelecer um vínculo forte, principalmente no primeiro ano de vida, derivado do contato intenso com a mãe e, depois, progressivamente, com o pai, levando a criança ao desprendimento gradativo desse vínculo de forma sadia e natural. Será que isso aconteceu porque as avós atuais foram as primeiras que, há mais ou menos 30 anos, sentiram a grande pressão para sair de casa em busca de realização profissional, menosprezando as tarefas domésticas e de criação dos filhos? Será que as mães desta geração acham um sacrifício engravidar, parir, amamentar, limpar e cuidar de seus bebês? E você, que está lendo este livro, será que já está com a sensação de que sou um tremendo conservador, de que quero ver a mulher dentro de casa novamente, limpando, esfregando, cozinhando e só falando de casa, criada e criança? Por que será que as pessoas acham vergonhoso ser feliz em sua família e cuidar bem de seus rebentos? E, mais, por que continuam querendo ser mães? Para depois não conseguirem assumir suas funções? O que realmente está acontecendo? Não dá para conciliar vida profissional e estudo com as tarefas de mãe de família? É claro que isso vale para o pai também... Tenho visto casais jovens que não têm a mínima ideia do quanto a vida muda depois do nascimento de um filho ou que acreditam que vão poder continuar levando a vida nas "baladas", nas noitadas, achando que os avós é que devem assumir o cuidado das crianças. E parece que, quanto mais jovens esses casais, mais evidente é esse problema.

Você acha que tudo o que escrevi é coisa de gente velha e conservadora? Ainda ontem, conversei longamente no meu consultório com uma simpática mãe de um bebê de quatro meses que nasceu prematuro e está sendo maravilhosamente amamentado, exclusivamente com leite materno. Trata-se de uma mãe que, mesmo sendo profissional altamente competente, resolveu, depois da segunda gravidez, deixar temporariamente de trabalhar para cuidar das crianças – esse bebê e uma outra filha de quatro anos, que está morrendo de ciúmes do irmãozinho. Pois bem, a mãe que tomou essa atitude se encontra numa fase complexa, pois teve o segundo bebê já com um pouco mais de 40 anos. Ela me disse que havia lido uma reportagem sobre o tema da terceirização da criança, na qual, ante as precisas e insistentes perguntas da jornalista, eu insistia na necessidade da presença, do afeto, da participação da mãe desde os primeiros momentos de vida do bebê. Com um olhar muito circunspeto e mostrando grande maturidade, ela disse: "Doutor, tenho pena do senhor, pois vai ser muito criticado. Essa percepção que eu tive e a decisão que tomei são muito difíceis. A maioria das mulheres, principalmente as mais jovens, não entendem o que o senhor quer dizer e acham que essa conversa toda é 'um saco', uma 'encheção', um blá-blá-blá. É preciso tempo e maturidade para entender sua atitude. O senhor vai ser criticado e mal compreendido por tudo isso". Respondi, agradecido, que achava que ela tinha razão, mas que não podia deixar de dizer o que penso e de dar o melhor de mim para tentar mudar o que vejo. Aliás, pensei logo, na minha vida profissional, passei por vários momentos semelhantes. Quando começamos, há quase 30 anos, a lutar pelo alojamento conjunto nas maternidades, havia uma grita geral, até dos obstetras, achando que o bebê devia ficar no berçário e só vir para a companhia da mãe a cada três horas para mamar. Iniciamos nossa pregação, implantamos um alojamento conjunto primitivo na maternidade de Campinas, com grande apoio de um colega também idealista, o doutor Arthur Canguçu e, dali em diante, fomos mudando a cabeça das pessoas. Quando começamos a discutir a problemática das operações cesarianas com hora marcada, sem indicação médica, apenas para "tentar evitar a dor do parto", e sem que as mães soubessem da atitude inadequada de atendimento (já que a cesariana é uma exceção e deve ser feita apenas por decisão da equipe médica quando é preciso resolver um problema difícil que esteja ocorrendo durante o parto),também fomos criticados. Hoje, todas as mulheres já sabem, mesmo que ainda optem pela cesariana, que ela tem seus riscos para o bebê e para a mãe, e vemos o início de uma curva de regressão na tendência. O Brasil, infelizmente, ainda é um dos campeões mundiais de parto por cesariana, mas já vemos uma luz no final do túnel e já não são frequentes aquelas cirurgias com datas marcadas. Pelo menos, a maioria das mães entra em trabalho de parto, sente as contrações e tenta ter um filho naturalmente. Claro que, quando há indicações médicas, a cesariana pode ser uma solução conveniente para um parto ou uma gravidez que não estejam evoluindo bem.

Depois, enfrentamos outro problema. Foi quando decidimos entrar de peito aberto, nos idos de 1972, na defesa do aleitamento materno. Foi difícil o começo. Não havia um consenso e os próprios pediatras e obstetras não estavam conscientes da necessidade de desenvolver nossas ideias e lutar por elas. Foi realmente um momento de muita batalha e dedicação e também fui criticado. Diziam que eu só pensava nisso e que achava que todas as mulheres têm de amamentar. Hoje, refletindo sobre assunto, acho que todas as mulheres devem ser orientadas e ajudadas a amamentar. As que não amamentam, frequentemente não o fazem por causa do sistema de atendimento ao parto, de uma atitude hospitalar inadequada e mesmo do despreparo das equipes de saúde que nem sempre ajudam e estimulam a amamentação. No entanto, acho que o mundo mudou nestes três aspectos: parto normal, alojamento conjunto e aleitamento materno.

Por que não devo acreditar que conseguirei sensibilizar as pessoas para o problema da terceirização das funções maternas e paternas? É preciso, com muito cuidado e atenção, de qualquer forma, tirar de cima da mãe mais essa culpa. Não é isso o que desejamos. Queremos apenas alertar e ajudar a resolver problemas importantíssimos no desenvolvimento da relação familiar e, particularmente, no relacionamento entre pais e filhos no mundo comtemporâneo, tão competitivo e consumista. Por quê? Porque tenho percebido o olhar de felicidade das mulheres que puderam, quiseram ou conseguiram fazer a opção pelas crianças, ou das que, pelo menos, se deram conta de que, no primeiro ano de vida, mesmo que tenham de trabalhar, a prioridade é o filho, que precisa tanto dela quanto de alimento e ar para ser feliz e se desenvolver adequadamente.

Vou colocá-lo, amigo leitor, em contato com algumas teses e ideias defendidas por pessoas bem mais progressistas do que eu. A verdade é que o bebê tem uma relação íntima, quase simbiótica, com a mãe, pelo menos até o terceiro mês de vida. Essa simbiose, às vezes, prolonga-se até o sexto mês, quando ele começa a se sentar, a receber estímulos de todas as direções e a se dar conta de que a separação é possível. Nessa idade, e progressivamente até quase o oitavo mês, quando acontece o que alguns psicólogos chamam de "angústia do oitavo mês", a criança começa a perceber que pode perder sua grande fonte de prazer e tranquilidade, a mãe. Daí em diante, até mais ou menos dois anos de idade, a criança vai entendendo as separações, mas curtas e nunca abruptas. Por isso, só em torno dos dois anos é que pode compreender de maneira um pouco mais saudável, do ponto de vista psíquico, um afastamento maior do que 12 horas.

Fico muito preocupado quando mães de filhos com menos de dois anos de idade, particularmente dos que estão no primeiro ano de vida, decidem viajar durante dez, 15 dias. Isso é realmente traumático para o bebê, que, para se defender da dor profunda da perda (ele imagina que perdeu a mãe para sempre, que seu objeto de amor profundo foi embora, morreu), acaba transferindo seu vínculo, seu afeto para a pessoa que fica cuidando dele (uma avó, uma tia ou alguém da família). Nos casos em que a pessoa que substitui a mãe é alguém a quem a criança já está afeiçoada, a dor não é tão intensa e as consequências são menos graves. É como se a criança considerasse sua mãe essa pessoa e não aquela que realmente a deu à luz. Infelizmente, quando a mãe volta, sofre, porque se dá conta de que a criança está distante, relutante em vir para os seus braços, quer ficar com a babá ou com a vovó, que não a "traíram". Algumas mulheres, quando enfrentam essa situação, ficam desesperadas. Felizmente, aos poucos, e dependendo de como refaçam o vínculo, a situação tende a voltar ao normal.

Não se pode esquecer, principalmente nesse período de tanto contato, de tanta dependência, de tanta preocupação com a oralidade, a alimentação, a higiene etc., que a parte afetiva é fundamental nas relações humanas. Sem ela, o desenvolvimento enfrenta dificuldades para se realizar plenamente. Baseados nesses conhecimentos é que os pediatras insistimos na atenção com afastamentos e distanciamentos. Uma criança de menos de dois anos sofre com afastamentos superiores a 12 horas. Se forem de mais de 24 horas, podem marcar profundamente a psique e o comportamento da criança. Será que os pais sabem disso? Será que os pediatras e os psicólogos alertam os pais sobre isso? Falo dos pediatras, porque são eles que têm a chance de monitorar e acompanhar as crianças com um pouco mais de frequência. Pelo menos, ainda persiste o hábito de consultas rotineiras com pediatras particularmente no primeiro ano de vida. Preconizamos consultas mensais no primeiro semestre; a cada dois meses, no segundo; e a cada quatro ou seis meses no segundo ano de vida, para verificar crescimento, desenvolvimento, aquisições motoras, linguísticas, problemas afetivos, controle de esfíncteres etc. E também, principalmente, para conversar com os pais sobre esse maravilhoso período de desenvolvimento, que pode marcar para sempre a vida de um ser humano.

Para termos uma ideia do que outros autores pensam a respeito do assunto, transcrevo um trecho que achei muito interessante:

> Lugar de recém-nascido é no peito da mãe, e não é uma foto poética. Às vezes, até dói, exige disponibilidade física e emocional, e até uma certa paixão pelo ato. Bebês de menos de um ano, quando depositados por 12 horas em ambientes institucionais, por mais belos e caros que sejam, desenvolvem problemas semelhantes aos dos bebês que vivem em orfanatos. (Claudia Rodrigues, "Mídia e Feminismo", seminário de alunos do mestrado em Ciências da Saúde da Universidade Cruzeiro do Sul, maio de 2007)

Será que alguém – pediatras, psicólogos, mídia em geral – não deveria esclarecer as muitas mulheres que pensam que desejam ser mães, mas não sabem o que as espera, achando que a maternidade deve ser realizada a qualquer custo, como quem compra um produto? Não deveria mostrar quais são as necessidades concretas de um bebê, a situação real de uma gravidez e a importância da figura e da função materna em cada fase do desenvolvimento infantil? Será que algumas mulheres não desistiriam ou, pelo menos, não reavaliariam seu desejo de ter filhos se tomassem conhecimento e consciência dessas responsabilidades? Será que essa responsabilidade deve ser transferida para outras pessoas, deve ser terceirizada, como está acontecendo? Aqui, novamente invoco a já citada autora, Claudia Rodrigues, no mesmo seminário:

> Então, as mulheres que optam por serem mães não podem mais trabalhar, devem ficar confinadas à vida doméstica, como no início do século passado? Óbvio que não, mas não devemos fechar os olhos para as aberrações que estão acontecendo, para essas mães culturais que a mídia ajuda a fabricar. Mulheres que nunca sonharam em criar e educar crianças, que não têm o menor interesse em conviver com crianças, parindo-as, adotando-as, para obter o título de mães. Depois se desesperam, não sabem o que fazer com os bebês, não suportam conviver com crianças, fogem de casa como o diabo da cruz. Acham um saco parir, amamentar, cozinhar, cuidar, ler histórias, trocar fraldas, acompanhar o crescimento, as fases, o desenvolvimento.

Pois é, o problema é mais ou menos esse. O mundo moderno leva muitas pessoas a sonhos tão altos, a exigências tão grandes de crescimento econômico, de conhecimento, de estudos que, parece, não está sobrando tempo para viver, criar filhos, ser feliz com as coisas simples da existência.

O que pretendemos? Aonde chegaremos? Estamos defendendo alguma coisa impossível de ser alcançada? Então, não devemos ter filhos? Não se trata disso. Ter filhos é uma das coisas mais maravilhosas que um ser humano pode vivenciar. O problema são as percepções atuais, modernas, do que é ser pai ou mãe nos dias de hoje. Uma criança não é um brinquedinho bonitinho que alguém resolve ter para alegrar a vida. É um ser humano, com todas as qualidades, os defeitos e as exigências que seguramente aparecerão mais dia menos dia. O que estamos defendendo é, para quem pode, para as pessoas que têm acesso a essa decisão (conhecimento, cultura, compreensão da realidade e, claro, possibilidade de utilização de métodos anticoncepcionais), que a família seja planejada. Que os filhos, ao chegar, encontrem pais preparados e dispostos a se dedicarem a essa nova fase da vida, a um objetivo claro e definido: criar os filhos, acompanhá-los, compreendê-los, estar presentes nas horas boas e más e, principalmente, saber que, depois do nascimento de uma criança, há uma mudança clara na vida de uma família. Há mais exigências, mais dedicação e menos tempo livre. Esse é um problema do qual, muitas vezes, casais jovens e pais solteiros não se dão conta. Não percebem a importância da mudança que está para acontecer e se surpreendem. Dizem-se esgotados, cansados, desesperados, ou seja, a função materna ou paterna parece que não estava prevista nas considerações existenciais anteriores. Não é a criança que atrapalha, que é difícil, exigente; são os pais que, atualmente, parecem não estar preparados para abrir mão da correria do dia a dia, do emprego extra, dos celulares extras, da troca do carro, daquele gasto extra, sempre influenciados pelo *marketing* que os estimula a comprar, comprar, consumir, consumir.

Recentemente, duas conversas me chamaram a atenção. Uma mãe, ao ver meus comentários em um programa de TV, disse: "Mas, e o padrão de vida de que precisamos? Se eu ficar com meu filho mais tempo, tenho de largar um dos empregos e não poderei dar o que ele necessita". A outra conversa foi com aquele jovem pai que mencionei na Introdução, o tal que ficava a semana inteira sem ver o filho. No primeiro caso, disse à mãe: "Tome cuidado. Eu não trocaria meu filho por um cartão de crédito ou por um telefone celular mais moderno". E ao pai: "Pode ser que seja muito pouco, pai. É preciso viver um pouco mais a vida e o crescimento das crianças". E lhe contei, emocionando-o, o que uma criança de quatro anos me havia dito alguns meses antes, quando lhe perguntara se ficava bastante tempo com os pais:

"Ah, tio, é legal. No sábado, a gente vai ao supermercado e, no domingo, ao *shopping*". Triste, não é mesmo? Será que é isso o que queremos dar aos nossos filhos no que diz respeito a atenção, carinho e preocupação? Qual o melhor momento para começar um relacionamento saudável entre pais e filhos? Respondo rápido: o mais cedo possível.

Investigações recentes têm mostrado coisas interessantíssimas sobre o desenvolvimento e a aquisição de habilidades ainda no útero materno. Por exemplo, na questão alimentar, sabemos que os alimentos consumidos pela mãe durante a gestação podem influenciar as preferências do bebê depois do nascimento. Parece que algumas propriedades organolépticas dos alimentos e, principalmente, certos sabores podem, quando presentes no líquido amniótico, ser deglutidos pelos bebês e desenvolver um gosto específico numa fase tenra de desenvolvimento. Um estudo recente investigou mães grávidas sido divididas em dois grupos: um que tomava suco de cenoura e outro que tomava suco de laranja. Pois bem, depois do nascimento, os bebês mostravam preferência e mais aceitação pelos sucos que suas mães tinham tomado na gravidez. O mesmo se pode dizer em relação aos sons. É conhecido, já há muito tempo, que os bebês reagem com movimentos, frequência cardíaca etc. a sons diferentes, e as respostas variam conforme se trate de Bach, Beethoven, Wagner ou, ainda, de uma batucada.

O que quero dizer com isso? Que antes do nascimento os sons e os sabores familiares são incorporados à vida das crianças. Imagine depois do nascimento! Claro que, nos primeiros meses (principalmente no primeiro trimestre), a relação mãe-filho é altamente intuitiva, primitiva mesmo. O bebê não sabe que nasceu e acha que o corpo da mãe é a continuidade do seu e que o seio que o alimenta e lhe dá carinho e prazer faz parte de um todo ao qual ele pertence. Só progressivamente, e principalmente após o sexto mês, é que as crianças vão se dando conta de que são outros seres. Por volta do oitavo mês, essa percepção de individualidade fica mais clara e evidente. Como já afirmei, alguns psicólogos chamam essa fase de "angústia do oitavo mês".

Assim, progressivamente, vai se estabelecendo o desenvolvimento psicoafetivo, motor, alimentar e cognitivo da criança. O primeiro ano é fundamental para o desenvolvimento de uma estrutura sadia de personalidade. Não é à toa que um pediatra famoso, que depois virou psicanalista e fundou uma escola nessa área, D.W. Winnicott, afirmava que é possível que a capacidade de ser feliz de um ser humano possa depender, além de todos os outros fatores, de um tempo (a infância até os seis anos, mas principalmente o primeiro ano de vida) e de uma pessoa (uma mulher, a mãe). Quanta responsabilidade, não é mesmo? Pois é, mas o que me intriga mesmo é constatar que, na maioria das vezes, as pessoas têm filhos sem saberem nada disso, sem se darem conta da importância desse relacionamento profundo, do vínculo necessário que se forma nesse período. Acham que, para uma criança, é suficiente que lhe troquem bem as fraldas e lhe deem comida. Como se isso bastasse... O mais necessário e nobre alimento, pode crer, é o afeto, acompanhado de carinho, prazer e paz.

Terrível e assustador é que, em alguns casos, não é preciso o afastamento físico. Às vezes, uma negligência insuspeitada, ocorrida nos primórdios da existência, nos primeiros meses ou anos, com a mãe fisicamente presente mas emocionalmente distante, pode ser desastrosa. Colocar uma criança precocemente em creches, principalmente naquelas em que as pessoas se preocupam muito mais com os aspectos físicos do que com os emocionais, e onde algumas crianças ficam dez ou 12 horas por dia, pode ser também desastroso para o desenvolvimento. É verdade, as mães precisam trabalhar pois também se transformaram em provedoras. Os pais, sozinhos, já não conseguem dar conta do sustento da família e suprir as necessidades das crianças. Mas, em alguns casos, dolorosos, temos visto mulheres que ganham menos do que pagam a terceiros para atenderem seus filhos, seja a creche, a escolinha, seja a babá, que, não raro, pode ganhar mais do que a mãe, se levarmos em conta todos os aspectos que envolvem a criação de crianças.

Há pouco, li uma citação de Steve Biddulph: "Esta é a geração mais abandonada de todos os tempos". Não duvido. Como vimos nos capítulos anteriores, apesar dos infortúnios, das perseguições e das agressões que as crianças sofriam quando sobreviviam, tinham pelo menos a companhia das mulheres que as haviam parido e amamentado.

Hoje, apesar de todas as lutas das quais tenho participado intensamente nos últimos 40 anos, a amamentação exclusiva ao seio até pelo menos os seis meses não é lograda pela maioria das mulheres. E a amamentação prolongada, até pelo menos dois anos de idade, é uma exceção. Vivemos o momento do *marketing*, do narcisismo expresso em corpos esculturais, em mulheres malhadas, em seios siliconados, que frequentemente impedem o desenvolvimento de uma lactação de sucesso.

Outra questão altamente discutível é a preocupação com o ganho de peso na gravidez e a rapidez com que as mulheres querem perdê-lo após o parto, como se pudessem ser eternamente jovens, esbeltas e belas; como se a maternidade não cobrasse seu preço. O excesso de peso depois do parto (cinco ou seis quilos) que a maioria das mulheres tem, nada mais é do que a reserva de gordura (e, portanto, de energia) para se lograr uma amamentação bem-sucedida. Esse peso se perde progressiva e automaticamente para o bebê bem amamentado. Além disso, se amamentado exclusivamente ao seio até o sexto mês, o bebê aceita muito mais facilmente a introdução de outros alimentos (de preferência, aqueles a que a mãe está habituada desde os primeiros dias da gravidez até o tempo de amamentação).

Às vezes, me surpreendo... Sou um pediatra à moda antiga e, frequentemente, quero ensinar as mulheres a preparar os alimentos para os bebês, a fazer sopinhas, papinhas com legumes, hortaliças, cereais etc. Tenho ficado estupefato com a quantidade de mulheres jovens que não sabem cozinhar, que nunca prepararam um alimento e que se sentem inseguras. Preferem as papinhas industrializadas (nada contra, mas a preferência é pelas naturais, feitas em casa) e não têm a mínima ideia de como oferecer os alimentos à criança, como colocar a colher na boca do bebê ou mesmo, o que me parece muito estranho, não têm a mínima ideia de como se deve fazer a transição do alimento pastoso para o mais sólido ou de como retirar progressivamente o seio e passar para o leite no copinho ou na caneca, sem a necessidade de bicos de borracha, mamadeiras etc.

E nós, os pediatras, onde estamos? O que temos ensinado, dito, mostrado para as mães? Como podemos demonstrar que a chupeta é um engodo, que faz mais mal do que bem e que transtorna o próprio desenvolvimento da sucção, da mastigação etc.? Outro dia, contei para uma mãe que, quando um bebê mama ao seio, estimula pelo menos sete grupos musculares faciais e, quando mama na mamadeira, apenas dois; expliquei que isso tem grande importância no desenvolvimento da face e, principalmente, da mordida, pois aumenta as chances de a criança desenvolver a respiração bucal, com todas as patologias e infecções orofaríngeas e otológicas associadas a essa forma de respirar. A mãe se assustou. Nunca lhe haviam dito nada disso, e ela usava a chupeta desde o nascimento para ajudar seu filho a se tranquilizar, segundo ela.

É mesmo estranho. Hoje existem cursos para tudo, menos para pais e mães. As pessoas recebem um bebê e acham que vão aprender a cuidar dele sem ouvir outras pessoas, sem ajuda, sem informação. Antigamente, as avós desempenhavam esse importante papel. Existia a *doula* (mulher que ensina à outra a arte feminina de ser mãe, principalmente a de amamentar). Essa função era desempenhada pelas avós ou por uma tia mais velha, com experiência no cuidado de várias crianças. Assim, de geração em geração, iam se transferindo os conhecimentos, os saberes e as práticas. Hoje, infelizmente para as crianças, nem mesmo as avós têm tempo para ajudar a cuidar dos netos. Também estão atarefadas e cheias de outras funções na sociedade. As avós também são terceirizadas ou não encontram tempo para "curtir" os netos. Fico assustado quando vejo uma avó que não é apaixonada pelos netos ou aquela que diz a famosa frase: "quem pariu os seus que os embale". Estranho, porque o que se espera afetivamente é que todo o carinho que era anteriormente do filho passe para o neto, com muita ternura, muito afeto e muito sentimento. O que se vê, na maioria das vezes, são as babás, as tias, e, entre os mais pobres, a vizinha, que ganha um dinheirinho de várias mulheres para cuidar de cinco ou seis crianças enquanto as mães vão trabalhar. Isso quando a terceirização não está nas mãos de irmãs ou irmãos mais velhos (mais frequentemente as irmãs), que substituem com grande dificuldade e deficiência as mães e os pais ausentes.

Uma das coisas que mais impressionam é a falta de tempo. Parece que ninguém mais tem tempo para viver e sentir a existência. Vive-se em tal correria que tudo passa celeremente, sem espaço para avaliações e conclusões. Uma pesquisa recente na Inglaterra mostrou que alguns pais passam, em média, no máximo seis minutos proveitosos com os filhos, minutos em que verdadeiramente há interação e troca de estímulos. É possível transmitir algo para as crianças dessa maneira? Delegam-se a terceiros as funções de cuidador, educador e alimentador. A terceirização é uma forma diferente e "modernosa" de cuidar dos filhos: passa-se para terceiros a realização de determinadas tarefas e, em alguns casos, de todas.

Já vi de tudo nestas décadas em que exerço a pediatria. Os mais ricos têm suas babás. Às vezes, uma criança tem três babás, a do dia, a da noite e a dos fins de semana. A criança vem ao consultório, nem sempre com a mãe, diga-se de passagem, e ante qualquer pergunta – Como ela está comendo? Qual vacina tomou? Quando começou a febre? Quando começou a diarreia? – a mãe, a avó ou a pessoa da família que ali está vira-se para a babá e pergunta: "Quando? O que ela come?". Já atendi uma pessoa que me telefonou de seu laboratório de pesquisa às dez e meia da noite e me pediu para ligar para a casa dela e falar com a babá sobre a febre do filho. Essa pessoa havia saído de casa pela manhã e até aquele momento não havia estado com o filho sabidamente enfermo! Como é possível desejar que essa criança não apresente problemas de desenvolvimento, de afetividade? A única saída saudável que a criança encontra é apaixonar-se por quem cuida dela: pela babá, pela vovó ou por quem fica perto. Sorte da criança se a babá for afetuosa, terna e amiga. Ela passa a ser a mãe, e o vínculo se forma com essa pessoa. Já vi algumas mães chegarem aos prantos ao consultório ou telefonarem dizendo que as crianças correm para os braços das cuidadoras e não para os seus. Como pode, perguntam? E respondo, com cautela, porque não quero ferir ninguém: "Porque, para essa criança, para seu filho ou filha, a mãe é ela... a babá". Às vezes, acontecem coisas muito desagradáveis. A mãe enciumada demite a babá, rompendo um vínculo já existente, mas não assume o filho definitivamente. Contrata outra pessoa e o processo recomeça, com infindáveis idas e vindas num relacionamento delicado, no momento muito especial do desenvolvimento afetivo e cognitivo que é a primeira infância.

Esse mesmo quadro é válido quando a terceirização não é profissional (com babás e creches), mas familiar, com avós, tias ou irmãos assumindo o cuidado. Os procedimentos e os acontecimentos são os mesmos. O que muda são os atores, com maior ou menor intimidade com a família.

Nesse tipo de relacionamento terceirizado, podemos observar outros fenômenos. Quem educa? Quem orienta? Quem coloca normas, limites? A educação, tanto formal, acadêmica, como ética e moral, acaba sendo transferida para as escolas; assim, os pais esperam que elas desempenhem essa função. Interessante é que os professores acham que a função deles é informar, orientar na aquisição de conhecimentos, mas não educar. Há uma constante transferência de responsabilidades. E, se formos um pouco mais exigentes e atentos, perceberemos que, infelizmente, muitas vezes, a formação do caráter acaba sendo eletrônica, por meio da TV, dos jogos eletrônicos, dos DVDs, dos filmes. Algumas babás, assim que as mães saem, colocam as crianças diante da televisão para que não deem trabalho e fiquem quietinhas. É notória a criança viciada em TV. Em qualquer lugar ao qual chega, fica pedindo para ligar a televisão. É totalmente inadequado usar a TV como babá eletrônica e se chega ao cúmulo de alimentar as crianças diante do aparelho. Essa é uma situação muito complexa. Sempre aconselho a fazer com que a criança seja alimentada sentada à mesa ou em sua cadeirinha, para que possa comer com uma colher e, aos poucos, ir se servindo, numa atitude que tende a facilitar o desenvolvimento motor. Ainda nesse contexto, levanto o problema da própria educação religiosa. A família tampouco tem tempo para isso e também acaba por achar que a educação moral ou religiosa é função do padre, do pastor, do rabino etc. Dá para perceber a ausência de relacionamento familiar na formação da criança?

Não acho que o problema seja só da classe menos favorecida. O abandono e a terceirização ocorrem em todas as classes sociais. Não posso deixar de indagar, com tristeza, até que ponto estamos colhendo os frutos de algumas décadas de abandono e terceirização de crianças e adolescentes, quando vemos a violência campeando e atingindo inclusive crianças e jovens que, teoricamente, não teriam passado por grandes necessidades na vida. Como julgar ou entender jovens de classe média que atacam brutalmente uma mulher indefesa, numa rua, em plena madrugada, apenas para lhe roubar uma bolsa e alguns míseros trocados? Quais são os valores desses indivíduos? O que lhes aconteceu? O que será que lhes faltou de amor, afeto, carinho, presença familiar? Será que foram terceirizados, desamados, desamparados, não educados, não formados? Difícil dizer, deixo a cargo do leitor as considerações que desejar fazer a respeito.

Finalmente, uma outra observação, não menos dolorosa. A criança está tão terceirizada e a sociedade tão despreparada para formar pais e adultos competentes para as funções materna e paterna, e é tão comum a transferência de todos os cuidados da criança para creches, escolas etc., que, infelizmente, quando alguns pais se veem na obrigação de cuidar, isso pode se transformar em tragédia. Crianças esquecidas dentro de carros, que falecem em consequência do calor e da desidratação; mães que trancam filhos no carro para ir a bailes, e assim por diante. Quase sempre são acidentes; às vezes, são casos criminosos de abandono, mas apenas confirmam a nossa tese. Estariam essas pessoas preparadas para a função paterna? Sabiam o que seria a vida depois que os filhos nascessem? Estão conseguindo abrir mão das prerrogativas e liberdades que tinham antes de conceberem filhos?

A resposta é muito variável, mas estou convencido de que, um dia, teremos de desenvolver escolas de pais, mostrar o que é essa nobre função e orientar e estimular os que estão em dúvida. Que aguardem, que esperem, que só tenham filhos quando estiverem dispostos realmente a se dedicar a eles. Criança dá trabalho, exige, solicita. O tempo é fundamental para ajudar alguém a se realizar na maravilhosa função de pai ou de mãe.

5. Os conceitos de abandono

Até aqui, falei de crianças de rua, do trabalho infantil e da criança terceirizada, ou seja, dos casos em que a relação familiar ainda se mantém, mas a função de cuidar é repassada a outras pessoas.

É preciso conceituar as diferenças entre essas situações e o abandono propriamente dito porque, muitas vezes, mesmo que não estejam na rua, algumas crianças estão realmente abandonadas. Segundo Lucia Kossobusky e Lídia Webver, "abandonada é a criança ou o adolescente não assistido pela família e que não tem uma relação de continuidade com ela, mesmo que esteja em uma instituição ou abrigo".

Já falei anteriormente da minha preocupação com as discussões sobre a violência praticada por menores, em que algumas pessoas defendem a redução da maioridade penal de 18 para 16 anos. Se o ECA fosse aplicado, seguramente não seria necessária nenhuma modificação na legislação.

Vejamos alguns dos artigos do ECA que nos interessam. O artigo 5º tem a seguinte redação: "Nenhuma criança ou adolescente será objeto de qualquer forma de negligência, discriminação, exploração, violência, crueldade e opressão, punido na forma da lei qualquer atentado, por ação ou omissão, aos seus direitos fundamentais". No artigo 19, encontramos: "Toda criança ou adolescente tem direito a ser criado e educado no seio de sua família e, excepcionalmente, em família substituta, assegurada a convivência familiar e comunitária em ambiente livre da presença de pessoas dependentes de substâncias entorpecentes". Mas o melhor conceito de abandono que conheço é o do Princípio 6º da Declaração Universal dos Direitos da Criança, que diz: "[...]; salvo circunstâncias excepcionais, a criança de tenra idade não será apartada da mãe". Aliás, este último conceito é o que permite, nas prisões femininas, a permanência dos bebês com suas mães.

Cabe aqui um parêntese. As crianças podem permanecer nas prisões com as mães, sendo amamentadas, até os seis meses, momento em que, geralmente de forma dramática e abrupta, são separadas delas. Quem já assistiu a essa cena seguramente nunca a esquecerá, pois é marcante a sensação de impotência para resolver a dor e a angústia de ambas, mãe e criança. Como poderíamos resolver isso? Permitindo que as crianças ficassem com as mães nos presídios até os dois ou três anos? Impossível, dadas as condições excepcionais de vida das internas e todos os problemas sanitários e de alojamento dos confinamentos prisionais.

Voltando aos vários estatutos e legislações que se ocupam com o problema da criança abandonada, falemos da Declaração Universal dos Direitos da Criança e, em seguida, da Constituição brasileira. Na Declaração, estabelecem-se e esclarecem-se os princípios fundamentais da proteção à criança: lazer, alimentação, família, educação e saúde. Esses princípios devem ser, sempre, prioridade absoluta em qualquer nação.

No Brasil, a Constituição de 1988 também estabeleceu avanços interessantes na direção do cuidado e dos direitos da criança. Um deles foi a extensão da licença-maternidade para quatro meses (anteriormente, era de três meses). Além disso, a Constituição também deu ao médico o direito de, em caso de enfermidade da mãe ou da criança, prorrogar essa licença por mais 15 dias por meio de atestado. Ainda me lembro das discussões acaloradas sobre essa prorrogação que ocorreram no período da Constituinte. Eu estava na presidência do Grupo Nacional de Estímulo ao Aleitamento Materno da Sociedade Brasileira de Pediatria e, junto com muitos colegas, batalhamos pela recomendação da prorrogação da licença para quatro meses. Havia muita resistência e preocupação. Algumas pessoas achavam que a legislação iria prejudicar ainda mais o trabalho das mulheres e o desemprego aumentaria. Hoje, essa situação já estabelecida muda novamente. A Sociedade Brasileira de Pediatria luta agora por, no mínimo, seis meses de licença-maternidade, principalmente para poder justificar a amamentação e ajudar as mães a "darem" exclusivamente o peito por todo esse período. Algumas prefeituras já reconhecem esse direito. Para quem estranha, vale lembrar que, em alguns países, principalmente nos nórdicos (Dinamarca, Finlândia e Suécia), esse direito é muito mais amplo, chegando, às vezes, até dois anos de licença, dando-se ao pai três meses. Em alguns casos, no primeiro ano a mãe é prioridade, mas, no segundo ano, de acordo com o casal e em razão dos salários e das atribuições trabalhistas, pode-se optar pela volta da mãe ao trabalho e a concessão da licença de um ano para o pai. Que maravilha, dirão uns; que loucura, dirão outros. E o trabalho, e o mercado, como ficam? O problema existe, é bem verdade, e isso frequentemente é colocado como argumento em países onde a licença-maternidade é menor, como nos Estados Unidos, por exemplo. Mas lá a facilidade de conseguir emprego também é muito maior.

As leis que protegem a maternagem, a amamentação e os cuidados com a criança são questões de cidadania e da civilização moderna. Meu Deus, que mundo é este onde se gastam bilhões de dólares em guerras, em armas, mas não se permite que uma mãe fique seis meses com seu filho?

Os estudiosos demonstram cada vez mais o que significa a sensação de abandono, desde o bebê, no primeiro ano, que repentinamente se vê sem a mãe por vários dias, até crianças realmente jogadas ao léu, abandonadas na rua, em bueiros, em cestos ou nas portas dos hospitais. Esse abandono durante a infância pode marcar profundamente o ser humano: "Quem viveu o abandono durante a infância pode sentir um medo incontrolável de ser deixado e procurará evitar a todo custo ser abandonado novamente!" (opinião de Rosemeire Zago, psicóloga clínica, num seminário com os alunos de mestrado do curso de Ciências da Saúde da Universidade Cruzeiro do Sul). Ainda segundo Rosemeire Zago, "seguramente, afirmam os psicólogos, quando isso acontece, cada vez que vivenciamos situações de perda, de abandono, é como se estivéssemos revivendo a situação original de abandono, do qual dificilmente nos esquecemos [...] Toda criança fica aterrorizada diante da perspectiva de abandono. Para a criança, o abandono por parte dos pais é equivalente à morte, pois, além de se sentir abandonada, ela mesmo se abandona".

Todas essas afirmações confirmam algumas das hipóteses que, pessoalmente, tenho levantado em minha prática de médico pediatra. Viver em família é a melhor solução para a prevenção de distúrbios de desenvolvimento físico, emocional e cognitivo. Ninguém, de verdade, pode substituir a relação pessoal, familiar, com a mãe, o pai e os familiares mais próximos, até porque, garantem muitos profissionais da psicologia e da pediatria, as crianças cuidadas por pessoas pagas para as atenderem, acabam muitas vezes não recebendo amor verdadeiro, mas apenas cuidados higiênicos e práticas alimentares assépticas, nem sempre acompanhadas de paciência, afetividade e carinho. Claro que nem todas as babás são prejudiciais. Há casos em que elas cuidam das crianças muito melhor do que mães extremamente ocupadas em suas profissões, que não têm o tempo mínimo e, diga-se de passagem, o menor interesse na função de maternagem. Mas, nesses casos, queiramos ou não admitir, e por mais que isso possa ferir algumas pessoas mais sensíveis, a mãe é a babá. A famosa frase que diz "mãe é quem cuida, não é quem pare", aplica-se muito bem aqui. Às vezes, essas crianças têm tudo o que desejam materialmente (tudo o que o dinheiro compra), mas não têm amor verdadeiro. Infelizmente, muitas comprovações nos levam hoje a acreditar que, salvo honrosas exceções, tais crianças "poderão ser adultos como qualquer outra criança que tenha vindo de um lar caótico e disfuncional, crescendo sentindo-se pouco valiosa, não merecedora de cuidado, podendo ter dificuldades de cuidar de si mesma" (Rosemeire Zago).

Por outro lado, é interessante discutir a questão do excesso de pessoas na família, particularmente quando muitos irmãos solicitam a atenção de uma mãe assoberbada. A criança menor pode se sentir abandonada em famílias numerosas, em que muitos irmãos exigem a atenção dos pais, e estes não conseguem atender a todos. Isso ocorre, como já foi dito, em casos muito específicos, quando os pais estão constantemente ausentes de casa por vários motivos, como excesso de trabalho, viagens, enfermidades ou até porque não estão preparados para cuidar das crianças. O que é dramático é que essas crianças podem não se sentir amadas nessas famílias, pois "o tempo e a igualdade do tempo que os pais dedicam aos filhos indica para eles o grau em que os pais os valorizam" (*idem*).

6. As crianças e os pais de hoje: A sociedade em que vivemos

Que mundo é este em que vivemos?

Faço a pergunta porque um dos argumentos usados para tentar me fazer calar e voltar atrás em minhas opiniões é: "Acorde. O mundo mudou. Você está querendo viver no passado. Não dá mais para pensar assim. Todo mundo corre atrás do ganha-pão e não há tempo para 'filigranas' [alguns dizem 'frescuras']".

Como vivem as crianças no mundo de hoje? Quem são elas?

Claro que, se pensarmos no conjunto mundial de crianças, teremos de lembrar das miseráveis, das filhas das populações marginalizadas da África, de boa parte da América Latina e de alguns países da Ásia. As crianças dessas regiões do Terceiro ou do Quarto Mundo vivem em situação precária e raramente têm acesso a bens de consumo. Sobrevivem com enfermidades, fome, desnutrição, doenças infecciosas, falta de vacinas, de escolas, de atendimento médico etc. Infelizmente, talvez sejam um contingente muito grande. Resta apenas torcer para que, um dia, o mundo pense em melhorar a situação de todos os países, para que existam menos guerras e as pessoas possam viver dignamente.

Falemos, então, das crianças que felizmente podem ter um pouco de atenção, de atendimento médico, de carinho e de nutrição adequada. Essas crianças vivem num mundo cujo cotidiano o tempo virou pelo avesso. Tudo acontece muito rapidamente e as informações, as vidas, as relações familiares, os afetos, os encontros sofrem mudanças com muita frequência. Às vezes, não temos tempo sequer de entendê-las e repentinamente já vem outra mudança. Em primeiro lugar, a classe média começa a diminuir sua prole. As famílias são pequenas e o número de filhos únicos aumenta celeremente. Outra característica frequente é que as pessoas passam a ter filhos cada vez mais tarde. Outro dia atendi um casal com um filho de um ano e meio. O pai, empresário, tem 55 anos; a mãe, executiva, tem 46 e até há bem pouco tempo não fazia outra coisa que não fosse viajar, participar de reuniões, discutir negócios etc. Confessou-me na consulta que o filho passa por períodos em que "não come nada". "Doutor", disse-me, "mudei, larguei tudo para viver agora com esse filho. Mas não sei ser mãe, não sei cozinhar, não sei nem como acender o fogão, e minha mãe é quem prepara os alimentos". Essa avó tem mais de 70 anos. A consulta levou mais de uma hora. Mostrei ao casal que o peso e a estatura da criança estavam adequados, e o problema não era que ela não comia, mas sim que comia errado (cinco a seis mamadeiras por dia, acrescidas de engrossantes hipercalóricos). Toda a técnica de alimentação estava equivocada, com excesso de adultos (de mais idade do que seria interessante) em volta e sem nenhuma outra criança para brincar etc. É a situação típica do filho único de pais idosos, com avós em idade ainda mais avançada e com um único neto. Situação especialíssima que exige, de um lado, entendimento e uma revisão na forma de lidar com essa criança e, de outro, ajuda a uma família que quer acertar e que não tem culpa do que aconteceu como consequência do mundo moderno, que determina variáveis tão diferentes para cada ser humano. Esse é o caso específico de uma criança de hoje, com uma família que vai se tornando típica.

No entanto, naquele mesmo dia atendi outra criança com uma situação familiar bem diferente: quatro anos de idade, filha de mãe solteira de vinte e poucos anos, morando com os avós numa casa onde também vivem uma tia e um tio. A mãe é estudante universitária; os avós, empresários; os tios, universitários. A criança se transformou no xodó da família: é supermimada, irritadiça, domina totalmente o ambiente familiar, faz o que quer, não conhece limites e é muito agressiva. Poderia ser diferente?

Como resolver esses casos que aparentemente são opostos? Minha recomendação para a mãe de ambas as crianças: "Por favor, assumam seus filhos. Dediquem tempo a eles. Errem, mas errem vocês mesmas. Assumam o relacionamento, o cuidado, a alimentação, a vinda ao pediatra. Coloquem limites, acertem os detalhes, não sejam permissivas. Não troquem alimentos sólidos por mamadeiras, não permitam que a criança regrida ou se transforme num eterno bebê. Sejam as mães que vocês desejam e não tenham vergonha disso. Errar é humano e é assim que se aprende".

A criança atualmente vai muito cedo para a escola. As creches se transformaram na grande saída para a mãe que trabalha. Entendo. Mas não há um jeito de ficar em casa com a vovó ou com alguém de confiança que lhe possa dar atenção integral, amor, carinho e dedicação? Então, por favor, não coloque a criança em creches por mais do que quatro horas. Se possível, adie o mais que puder a entrada na creche. O ideal é que o primeiro ano seja da mãe com o filho. Tenho sugerido a algumas mulheres que tentem priorizar o tempo de dedicação ao filho, que reservem depois do sexto mês meio período ao trabalho e o resto do tempo ao filho. Peço, ainda, que evitem ao máximo as creches de dia inteiro. Levar a criança às sete horas da manhã e buscá-las às sete da noite? É muito duro e muito sofrido para a criança. O problema começa pela grande quantidade de crianças para cada "mãe" da creche. Cinco, seis, sete crianças para cada atendente? O ideal é, no máximo, quatro crianças para cada atendente e, se possível, que seja fixa, de forma que a mesma pessoa fique sempre, ou a maior parte do tempo possível, com a criança. É muito ruim quando a cada dia a criança é cuidada por uma funcionária diferente. Também recomendo que os pais se esforcem por levar e buscar a criança na creche ou na escolinha. Para crianças maiores, é doloroso quando não é a mãe nem o pai que vão buscá-las, pois terão inveja dos amiguinhos cujos pais estão lá, prontos para atendê-los. E o seu filho? É péssimo colocá-los na perua, principalmente quando é a empregada que o faz, nos casos em que a mãe e o pai saem para trabalhar antes de o filho tomar o café da manhã.

Alguém precisa pensar na razão por que chegamos a essa situação. Era isso o que havíamos planejado? Sinto muito, já sei o que alguém pode estar pensando: "Será que esse pediatra não sabe que o que importa é a qualidade?". Por favor, vamos examinar essa afirmativa com cuidado e paciência. Claro que a qualidade do relacionamento é muito importante, mas qual o mínimo de tempo considerado ideal? Dez minutos por dia? Três ou quatro beijinhos sôfregos antes de sair correndo ou ao voltar do trabalho e encontrar a criança já na cama, banhada e alimentada? Isso é qualidade? E nos fins de semana? Trazer trabalho para casa e ficar o fim de semana inteiro plugado no computador, resolvendo os problemas da firma e pedindo silêncio, às vezes irritado porque precisa trabalhar? Alguém já fez uma planilha e se deu conta de quanto tempo fica com os filhos por dia, por semana, por mês? Já pensou o que isso vai significar no final de um ano ou de toda a infância? Qual o percentual de presença que você está dando para os seus filhos?

E nem estou levando em conta a necessidade de um cuidado ainda maior quando os casamentos se desfazem e se reconstituem. Essas são situações em que o cuidado e a atenção têm de ser maiores, pois os conflitos, os problemas, os ciúmes e as incompreensões costumam ser enormes e, frequentemente, as famílias que não tomam o cuidado de conversar periodicamente (o dever de sentar-se e conversar, certamente todos já ouviram esses conselhos) podem enfrentar problemas muito complexos e até insolúveis. Volto a insistir: não espere que os problemas apareçam na adolescência ou que sejam resolvidos nesse período. Quando os problemas chegam na adolescência, já se perdeu muito tempo de prevenção e orientação.

Vale relembrar também que, muitas vezes, o excesso de crianças na família (os meus, os seus e os nossos, nos casos de casamentos desfeitos e refeitos) acaba trazendo o problema da solidão no meio da multidão. Crianças em situações em que há um excesso de pessoas demandando atenção sentem-se muito sós e podem ter comportamentos muito parecidos com os de crianças marginalizadas, abandonadas ou terceirizadas por outros motivos.

E as babás? E os filhos das babás? Como se sentem as pessoas que deixam seus filhos com terceiros para atender os filhos dos patrões? Que tipo de transferência costumam fazer para os bebês de que cuidam? Como entender esse problema e como a mãe ou o pai podem, com tato, lidar com esse tipo de fenômeno? Já afirmei que a boa babá se apaixona pela criança de que está cuidando e, inevitavelmente, por mais que tenha cuidado e preparo (infelizmente, isso é raro nos profissionais que temos visto em nosso consultório), acaba competindo com a mãe ou vice-versa. A mãe fica com ciúme da atenção, dos sorrisos e apelos que o filho dirige à profissional e acaba tendo atitudes regressivas e mesmo agressivas. Algumas, em meio a acessos de raiva, despedem a empregada para se protegerem do desinteresse do filho. Com isso, geram mais um rompimento de vínculo na vida da crianças – vínculo que terá de ser refeito provavelmente com a próxima babá, porque a mãe dificilmente toma para si seu papel em virtude dos compromissos assumidos fora do lar.

O mesmo vale para a pessoa que cuida de um bebê o dia todo numa creche. Trocar uma fralda, limpar o cocô, dar banho, alimentar, ninar, cantar para dormir, fazer carinho, estimular o desenvolvimento são atos que desencadeiam uma reação de mão dupla que não pode ser desconsiderada na formação da personalidade. E o tipo de educação, a maneira de conduzir o desenvolvimento infantil? E a TV e o *videogame* com seus monstros, super-heróis, que são usados para fazer as crianças "ficarem quietinhas e para descansar e dormir"?

Na relação com pré-escolares, muitas pessoas não se dão conta de que, entre três e cinco anos, as crianças atravessam uma fase muito importante, chamada a "adolescência" da infância (há rebeldia, muitos "nãos", irritabilidade, agressividade etc.). Como as várias pessoas que cuidam da criança lidam com isso?

Chegamos aos limites, aos pontos fundamentais da educação. Educação é a permissão para o que se pode e o que não se pode fazer. Quem determina isso? Com base em que conceitos culturais, psicológicos, familiares? As crianças "mimadas", quase sempre são aquelas que vivem com muitas pessoas a sua volta – babá, mamãe, titia, vovó, vovô, papai –, mas nenhuma delas define um parâmetro educacional. Umas temem perder para os outros a simpatia da criança. E o que no começo é uma alegria, com muita risada e festa, com o tempo transforma-se em choro, rebeldia, gritaria, insônia, falta de apetite etc., resultado da falta de critérios que determinem o que pode e o que não pode.

O exemplo mais claro das dificuldades com a criança terceirizada é, sem dúvida, a questão nutricional e alimentar. Uma das queixas mais frequentes que os pediatras ouvem nos consultórios é: "Doutor, ele não come nada". Quando, para ajudarmos a esclarecer, fazemos um diário detalhado dos alimentos que a criança ingere, demonstramos que a verdade não é que ela não coma; o problema é que come errado. Começa, então, um longo calvário para tentar retreinar a criança nesse aspecto, para ser feliz com o alimento, para não se neurotizar com os apelos, as chantagens que as famílias, desesperadas, fazem para convencê-la a comer.

Costumo lidar com essa situação de forma bastante didática e objetiva. Minha primeira preocupação é fazer a família entender que não estamos diante de um caso de desnutrição ou de retardo de crescimento e desenvolvimento. Então, é muito importante um recordatório do peso de nascimento, do peso atual, com o traçado das curvas tanto de peso quanto de estatura e a demonstração cabal de que, com base na estatura do pai e da mãe, pode-se inferir que a criança tem um desenvolvimento bastante adequado (se isso não for verdade e a criança apresentar um claro *deficit* ponderal ou estatural, estaremos diante de um problema médico que precisa de diagnóstico adequado e avaliação laboratorial cuidadosa. Mas, repito, isso é raro; na maioria das vezes, o que temos é erro claro e objetivo na forma como a criança está sendo cuidada e, principalmente, como está sendo alimentada). A seguir, é muito importante mostrar a importância da rotina, com horários para acordar, dormir, comer, tomar banho, brincar, ir para a escola ou para a creche, fazer os deveres escolares e, claro, os parâmetros mais importantes: a discussão sobre os problemas e os perigos do uso da chupeta e da mamadeira, especialmente se a criança tem mais de dois anos de idade.

Desnecessário dizer que o ideal, na alimentação de um bebê, é que ele seja amamentado exclusivamente ao seio até o sexto mês de vida, sem necessidade de qualquer outro alimento, nem mesmo água (quem precisa de outros alimentos, de água e de sucos é a mãe). Depois, a partir do sexto mês de vida, devem-se introduzir progressivamente todos os alimentos (sucos, frutas, legumes, hortaliças, carnes, ovos etc.), mantendo-se a lactação ao seio pela manhã, à tarde e à noite, no máximo quatro vezes por dia, para que a criança possa aceitar os outros alimentos. Aos poucos, vai-se aumentando a quantidade de comida, engrossando-se as papas, até que, por volta de um ano, transformem-se em grãos, em pedaços, até os dois anos, quando recomendamos o desmame e o uso de quaisquer outros líquidos, mesmo leite de vaca se a criança quiser, uma ou duas vezes por dia, mas sempre no copo ou na caneca. Ou seja, se possível, a criança deve evitar o uso da mamadeira e, principalmente, da chupeta, que são causadoras de vários distúrbios de desenvolvimento da deglutição e mesmo da fala. Nos bebês desmamados precocemente, elas são responsáveis pela respiração bucal, pela má oclusão dentária e por outras patologias orais.

Para que todo esse processo ocorra como a vida exige e como a funcionalidade espera, é preciso que a família esteja presente e que a mãe amamente procurando evitar todos os erros de alimentação e o desmame precoce (ela deve procurar ajuda do pediatra para resolver os frequentes problemas de *deficit* de lactação). Também não deve introduzir a chupeta. Esse é um vício difícil de combater, porque algumas pessoas acham que a chupeta faz a criança chorar menos, que tem um papel tranquilizador. Desconhecem as complicações orodentais que ela ocasiona, estimula ou ajuda a desenvolver. E em quais crianças todo esse processo é evidente? Nas que recebem cuidados terceirizados e naquelas cujo cuidado nem sempre inclui o compromisso com a realidade e o conhecimento intelectual adequado. É claro que os pais de uma criança que tem uma babá para o dia e outra para a noite acabam transferindo para essa pessoa algumas decisões. O vício da chupeta, por exemplo, é mais frequente nas crianças cuidadas por babás. É inacreditável como isso é perceptível e como as crianças usam a chupeta como compensação oral e psicológica para as frustrações e a ausência dos pais.

Quanto aos limites, pode-se ver algo fundamental: as crianças terceirizadas estão muito soltas. Como os cuidadores não são os pais, na maior parte das vezes, a função de educar fica prejudicada para que não pareça que há exagero na função que ficou sob a responsabilidade da babá ou da avó. Os cuidadores profissionais ou exageram na repreensão ou falham, agindo de maneira condescendente. Os pediatras conhecem a criança classicamente supermimada, que chega ao consultório com três ou quatro adultos à volta, todos fazendo o possível para que ela não chore. A criança esperneia, grita, pula e o pediatra tem muita dificuldade para conversar com os pais. Como quase sempre, há um certo distanciamento das funções paternas e maternas, esses pais não suportam choro e ficam muito ansiosos na entrevista e no exame da criança. É duro para essas pessoas entender que dificilmente uma criança entre um ano e meio e três anos vai ficar quieta e feliz diante de um exame físico e com razão vai reclamar ao ser importunada. A reação desses pais é típica reação de quem não sabe, não quer e não suporta os reclamos de uma criança. Será que esses pais não precisariam ter sido orientados e educados sobre o que é ser mãe, o que é ser pai?

As discussões de como lidar com as crianças não param por aí. Você tem se debruçado sobre o que é a vida das crianças de classe média, para as quais os pais não têm tempo? São verdadeiras miniexecutivas: vão à escola, à aula de inglês, à aula de tênis, ao judô, ao futebol, ao professor particular etc. Não têm tempo para o que elas mais gostam de fazer, que é brincar, fantasiar, correr, saltar, pular livres, sem muitas diretrizes ou muitos deveres a cumprir. Seguramente, essas crianças vivem em verdadeiras gaiolas de ouro, com dinheiro suficiente para ter suas vontades realizadas. Mas não têm tempo para encontrar e absorver ideias, pensamentos e ensinamentos de seus pais, ficam sem receber uma das coisas mais importantes nessa idade, que é a presença e o carinho dos pais. Estamos caminhando para esse tipo de educação? Nas classes baixas, a rua, o abandono, o desprezo; e, nas classes média e alta, o mesmo desprezo, mas disfarçado de muitas horas cheias de atividades que apenas visam preencher a lacuna da não presença. É bem verdade que há uma idade crítica para esse abandono que, como dissemos anteriormente, se situa no primeiro e no segundo anos de vida. Mas os estudiosos do desenvolvimento físico e cognitivo das crianças acham que não é somente nesse período que elas precisam de ajuda. Seguramente, até o sexto ano sua personalidade ainda está sendo formada e depois na segunda infância, a partir dos sete anos e à medida que caminham para a pré-adolescência e a adolescência, a companhia, o diálogo, a conversa, a presença e, sobretudo, o exemplo dos pais são fundamentais.

A mídia escrita e televisiva e os cartazes de rua sabem que esse grupo de crianças das classes média e alta, é um campo muito importante a ser explorado. Essas crianças devem ser estimuladas a comprar... Veja a TV, usada como babá eletrônica, e os programas infantis por ela veiculados, que substituem o contato físico e afetivo dos pais: o que fazem esses programas senão estimular à exaustão o consumo desenfreado? As dezenas de comerciais de brinquedos, guloseimas, refrigerantes etc. que são bombardeadas nas cabeças das crianças, sem parar, estimulam-nas a consumir e a exigir dos pais a compra dessas coisas não necessárias. Como os pais sentem culpa por estarem ausentes e distantes, muitas vezes são tentados a ceder à pressão e a comprar inutilidades para os filhos, estimulando o consumo de alimentos artificiais, cheios de corantes, apenas porque não têm como enfrentar com tempo e disposição, as insistências e explicar as dificuldades desse consumo inadequado.

Já pensou, leitor, por que as gôndolas dos supermercados mantêm as guloseimas e os brinquedos tão à vista das crianças? Já reparou nas prateleiras colocadas estrategicamente nas saídas dos supermercados, junto dos caixas, com guloseimas (chicletes, balas etc.)? É interessante observar que o próprio *marketing* explora o relacionamento com a criança terceirizada, sabendo que as insatisfações e, muitas vezes, as neurotizações resultantes das mudanças de hábito no cuidado das crianças levam a uma maior condescendência na orientação da alimentação, do lazer e do descanso de pais e crianças.

O que acontece com as crianças transformadas em miniexecutivas precoces e consumidoras compulsivas? Certos países, como a Dinamarca e a Suécia, desenvolveram legislações muito específicas, que coíbem a propaganda televisiva para menores de 12 anos nos horários em que, sabidamente, as crianças estão mais plugadas na TV ou na internet e policiam – esse é o termo – as propagandas específicas que visam pressioná-las a consumir coisas inadequadas, desde brinquedos perigosos até alimentos, *fast-food*, bebidas alcoólicas, cigarros.

Claro que as associações de *marketing* se revoltam contra essas medidas, porque, infelizmente, vivemos num mundo que quer vender, que não prescinde do consumo. Quanto mais, melhor, até porque não há preocupação com a qualidade de vida, mas, sim, com fazer girar a roda do consumo desenfreado. Dessa forma as crianças não só se dispõem a um consumismo desnecessário, mas, desde cedo, desenvolvem essa dependência de aquisição do que não é necessário, formando batalhões de pessoas que, no futuro, vão ser cada vez mais consumistas, ajudando a perpetuar uma sociedade mais preocupada com o ter do que com o ser.

Escrevo e fico pensando nas mães de vida difícil e sacrificada, com suas culpas por não poderem ficar mais tempo com os filhos. A impressão que tenho, e esta é minha opinião mais sincera, é que a mãe de hoje traz consigo essa problemática da necessidade de sobreviver e da modernidade de um sistema cruel que lhe cobra, mas não lhe oferece saídas dessa sinuca. Em meus 40 anos de prática pediátrica, tenho observado que, com raras exceções, o sonho e o desejo da maioria das mulheres é trabalhar menos horas fora de casa, talvez meio período, para poder ficar o restante do tempo com os filhos. Sabemos, infelizmente que isso nem sempre é possível, que, na maioria das vezes, tudo isso fica só na vontade e na ansiedade. Para manter seu emprego, a mulher tem de disputar espaço num mundo cada vez mais exigente, que "joga na cara" que já é uma grande vantagem estar empregada, ter um trabalho e um sustento e que "por favor, não venha com a choradeira de querer creches etc.".

Como todos sabemos, a legislação brasileira é bem clara: toda firma com mais de 30 mulheres precisa ter um local onde as funcionárias possam deixar as crianças. Mas isso é utópico, a maioria das firmas não cumpre essa lei trabalhista. Quando muito, algumas grandes corporações pagam uma creche, muitas vezes longe do local de trabalho das mães, para cuidar das crianças. Assim, a creche acabou se transformando num estacionamento de crianças e não num lugar onde a mãe trabalhadora possa manter seu filho perto de si, amamentá-lo, acariciá-lo, mostrar sua presença. Se estimulamos algumas mulheres a exigir esse tipo de benefício, elas ficam temerosas de serem mandadas embora. Infelizmente, é o que acontece. Tenho sido convidado para fazer palestras e conferências em escolas, em vários lugares onde há muitas mães trabalhando, e sempre me dou conta de que as pessoas sofrem por não poderem contar com essa possibilidade.

Frequentemente, principalmente entre as trabalhadoras autônomas ou funcionárias de pequenas empresas para as quais a legislação não garante essa certeza de contato entre mãe e criança, tenho sugerido a algumas mulheres que criem, por elas mesmas, um ambiente onde possam deixar seus filhos, sem precisarem afastar-se deles, particularmente no primeiro ano de vida e principalmente se estiverem amamentando. É injusto pregar que a mulher deva amamentar exclusivamente ao seio pelo menos durante seis meses se, quando o bebê está com quatro meses, a mãe deve retornar ao trabalho e achar uma solução para amamentar. Nesses casos, recomendo que a mãe retire o leite e o guarde na geladeira ou no *freezer* e peça à avó, à babá ou à pessoa que vai cuidar da criança que lhe ofereça desse leite enquanto ela, a mãe, estiver ausente. Por outro lado, muitas mulheres desconhecem que a legislação também prevê uma hora a menos na jornada de trabalho para aquelas que estiverem amamentando. Podem usar meia hora em cada período (meia hora pela manhã, meia hora à tarde) para que, se possível, vão até sua casa e amamentem. Mas, numa grande cidade, como São Paulo, por exemplo, em que os empregos estão do outro lado da cidade, como fazer isso? Como é possível realizar esse sonho?

Esse assunto nos leva à discussão da política de proteção à mulher e, principalmente, à necessidade de atenção à saúde materno-infantil. Uma política de parto natural, de alojamento conjunto nas maternidades, de estímulo ao aleitamento materno, deve vir sempre associada a uma política de aumento e disponibilidade de creches, para ajudar a mulher a cuidar bem dos filhos, afastar-se dele o mínimo possível nesse período crítico e, fundamentalmente, não terceirizá-lo. A luta que se trava atualmente no Congresso, com apoio de muitos políticos e com grande incentivo da Sociedade Brasileira de Pediatria, sem dúvida alguma deve levar à extensão da licença-maternidade de quatro para seis meses. Isso, indiretamente, ajudará na melhoria da saúde infantil e na diminuição da morbimortalidade na faixa pediátrica.

Sabemos que cada vez mais as mulheres são arrimo de família e já há indicadores de que, em algumas classes socioeconômicas, a porcentagem de mulheres que são chefes de família é muito alta. Essas mulheres, inevitavelmente, deixam a criação de seus filhos a cargo de berçários, creches ou familiares, babás, avós. Não tenha dúvida de que isso acaba gerando um grande sentimento de frustração e culpa. Às vezes, a criança acaba se afeiçoando à pessoa que cuida, que fica mais tempo com ela, piorando o sofrimento da mãe. A sociedade tem de entender que essa é uma situação muito complexa, que precisa do apoio e do discernimento de nossos políticos; espera-se que eles se debrucem um pouco mais sobre esse drama social. Não adianta mais uma vez argumentar que o que vale é a qualidade e não a quantidade. Claro que a qualidade é importante, mas é preciso um mínimo de participação e de interesse na vida da criança, sem o que não há qualidade que compense. É possível para uma família conviver com uma mulher que trabalha o dia todo fora, vai para a faculdade à noite e, nos fins de semana, estuda com as colegas para as provas e tem um filho de um ano e meio? Alguma coisa está errada nessa vida, e essa criança vai precisar de uma compensação. Sorte dela se tiver uma avó dedicada, que possa substituir a mãe. Santas avós as que assumem esse papel, não me canso de elogiá-las e agradecer a elas.

Por outro lado, vivemos um momento especial da sociedade. Muitos homens e mulheres parecem optar pela vida de solteiros, como se deixar de frequentar clubes, boates, baladas, ou não ir toda noite ao barzinho tomar "a cervejinha amiga" significasse perda de felicidade. Agem como se não percebessem que ter filhos exige uma revisão dos conceitos existenciais. Às vezes, os filhos chegam, mas os pais não querem se responsabilizar por eles. Pais e mães se digladiam, as mulheres acusam os maridos de ausentes e os homens dizem que a mulher, depois que a criança chegou, só pensa em dar de mamar, trocar fraldas, dar banho, comida etc. Essas reclamações, por vezes, terminam com a entrega das crianças aos cuidados de terceiros e, se as condições não permitem, assistimos a alguns espetáculos lamentáveis de crianças acompanhando os pais, geralmente jovens, em bares ou em rodas de amigos, até tarde da noite. Recentemente, tive a oportunidade de ver um caso desses: um casal jovem, num bar, tomava um chope com os amigos, enquanto uma criança, talvez de um ano e meio, permanecia deitada, mal acomodada numa cadeira, no meio da confusão. Era patético: mãe e pai querendo manter a vida de antes do casamento e do nascimento da criança, e um filho submetido a uma situação totalmente inadequada de muita fumaça, cigarro, bebida alcoólica, barulho etc.

Claro que a situação de terceirização dos cuidados, de entrega das crianças a outras pessoas não é exatamente como o abandono da época da roda dos expostos, mas não deixa de ser semelhante. É evidente que a criança terceirizada chegou a um lar que não estava preparado e amadurecido para recebê-la, não é mesmo? Diferentemente da roda dos expostos, aqui a entrega é temporária e, aos poucos, a mãe e o pai vão se dando conta da necessidade de rever a situação. Sincera e objetivamente, não é verdade que, com consciência e maturidade, o casal poderia esperar um pouco mais para ter um filho? Será que ninguém, em qualquer lugar, nas famílias, nas escolas, nas universidades, levantou esse problema?

Recentemente, eu fazia uma conferência numa universidade, num curso noturno de comunicação, e falava sobre essas questões. As dúvidas e as discordâncias eram muitas. Muita gente aplaudia, gostava, mas muitas pessoas se assustavam e havia mesmo as que se angustiavam. Até que, subitamente, uma jovem levantou-se e disse: "Puxa vida, eu me formo este ano, e eu e meu namorado estamos pretendendo começar a trabalhar e ter um filho; o senhor está me assustando. Então, não devo ter filhos?". Respondi: "Claro que deve! Ter filhos é uma coisa maravilhosa e uma das maiores alegrias que os seres humanos podem ter (eu diria até que qualquer animal, mamífero principalmente, sente muito prazer em ter filhos). O que estou pregando é a maternidade e a paternidade conscientes. Não dá para pensar em trabalhar em tempo integral, fazer pós-graduação à noite, comprar uma casa, continuar na vida de solteiro e ter um filho. Alguém precisa dizer-lhes isso. Essas coisas todas, simultaneamente, são muito difíceis de serem levadas a sério e com competência. Algo não vai ser feito adequadamente". E completei, para que ela pensasse e me respondesse: "A maior parte das mulheres, atualmente, está muito sobrecarregada (família, lar, amor, trabalho, competitividade).

São felizes? E o estresse? Vejo como a sociedade cobra das mulheres coisas às vezes incompatíveis: que ela seja competente profissionalmente, ganhe bem, seja muito inteligente e informada, tenha opiniões políticas, seja boa dona de casa, cozinhe coisas gostosas, seja bonita, *sexy* e 'malhada'. Quem consegue tudo isso ao mesmo tempo?".

Aonde a sociedade quer chegar? O que almejamos, todos nós que vivemos este início do século XXI? O que realmente é importante e o que é supérfluo? Esta violência, este desamor, esta preocupação narcisista com o corpo, com a beleza física, este descompromisso com a verdade e a grande influência do *marketing*, aonde tudo isso nos levará? Tem-se a impressão de que, cada vez mais, vivemos em um mundo do aqui e agora. O importante é "curtir" e nada de pensar no futuro, de investir para alcançar uma existência mais adequada e mais feliz no porvir. Será por isso que estamos diante de tanto desrespeito pela vida humana? O número de pobres e miseráveis aumenta cada vez mais e nós, da classe média, ficamos entre a cruz e a espada para sobreviver neste mundo de tanto apelo consumista.

O mundo, hoje, privilegia o consumo, o poder econômico, o poder político e a "fama" conquistada a qualquer preço. Será por isso que as crianças, o nosso futuro, não são tão importantes? Será que todos estão pensando no dia a dia, no consumo de agora, no DVD, no novo aparelho eletrônico, no celular de última geração, porque acham que o futuro é uma quimera surrealista que não sabem se vai chegar?

Que papel nossas crianças terão no futuro? Como são e como serão nos próximos anos, nas próximas décadas? Que adultos serão ou poderão ser? No próximo capítulo, discutirei especificamente as características dessas crianças que chamamos, infelizmente, de terceirizadas.

7. As características das crianças de hoje

Quem são as crianças de hoje? Como vivem e como reagem?

Muitos pediatras, psicólogos, psiquiatras, juristas e educadores têm se preocupado com as características dessas crianças e, principalmente, tentam imaginar que futuro as espera. O que já estamos observando nos adolescentes e nas crianças das favelas, das periferias e mesmo das classes média e alta? Como eles estão se relacionando com o mundo, com os mais velhos, com os professores, com a autoridade (que dificilmente conheceram de forma adequada)?

A criança que chamamos de terceirizada acaba tendo várias características. É como se fosse "meio" abandonada, criada sem muito carinho, sem atenção adequada e até sem amor. Infelizmente, com frequência, parece órfã de mãe viva, esquecida de ser atendida no quesito mais importante de sua vida: a presença dos pais ou das pessoas que cuidam dela. Muitas, como já disse antes, são criadas em gaiolas de ouro, cheias de brinquedos, com babás em dois turnos, frequentando colégios muito sofisticados. No entanto, têm mães e pais que vivem viajando, que as deixam sozinhas nas mãos de seus "tratadores". Outras, mais pobres, além da falta de condições econômicas e sociais, sofrem mais esta ausência: a de afeto. Que adolescentes serão? Que adolescentes já estão sendo? Tristes, desnorteados, violentos, sem vínculos e sem "modelos" de comportamento a serem seguidos.

E por que tudo isso? Às vezes, a mãe que quer estar com seu filho, mas vive ausente pelas necessidades e pressões econômicas da vida, quando está perto dele, não sabe o que fazer. Pede ajuda a quem está em volta, mas as coisas se deterioram a tal ponto que o filho começa a não querer ficar com essa mãe; prefere os substitutos e deles incorpora hábitos, costumes, verdades, filosofia de vida e até mesmo o linguajar.

O pior é que, muitas vezes, o pai, que se julga extremamente ocupado, é omisso, resiste em participar da educação do filho, acha que essa é uma tarefa da mãe ou da escola, porque ele "tem muito o que fazer" e não pode perder tempo com "querelas domésticas".

Aqui, aparece a terceirização da educação, conferida às escolas que, por sua vez, não querem essa função e nem sempre estão preparadas para exercê-la. É bom lembrar que a professora, que tem uma classe com algumas dezenas de alunos, também terceirizou o cuidado de seus filhos a uma babá, a uma creche, a um berçário ou à avó. Claro que essa profissional não se sente responsável por educar "os filhos dos outros". Uma professora me disse: "Estou aqui para ensinar a ler e a escrever, para alfabetizar, não para educar, dar limites, controlar e moldar o desenvolvimento da personalidade. Isso é tarefa dos pais". Será que ela está errada? Mas, e o filho dela? Com quem estará nesse momento em que ela trabalha como professora, como educadora?

Também tenho percebido nessa mudança das últimas décadas um aspecto ideológico que me parece interessante. Com o desenvolvimento dos movimentos feministas e com a mulher adequadamente lutando para conquistar um lugar melhor na sociedade, algo aconteceu. É como se houvesse uma estigmatização da família tradicional, que a esquerda chamava de burguesa (mãe em casa, cuidando dos filhos, e pai provedor). Talvez por isso a mulher moderna tenha se afastado das tarefas que lhe sugerem a volta a um passado desabonador. A mulher aprendeu de sua mãe que o certo era trabalhar fora, ser independente, não se preocupar em aprender a cuidar de filhos, da casa, dos alimentos. Como seria de esperar, o homem também não assumiu esse papel, embora não possa protestar, sob pena de ser considerado machista. Ninguém ficou preocupado com essa parte fundamental da existência que é a arte de cuidar da família, dos filhos, das pessoas, dos seres humanos que vivem juntos em uma mesma casa. Não defendo a ideia de que tenha de ser a mulher a fazer isso, mas é claro que o homem, com raras exceções, também não assumiu essa função. O que se vê, então, é que ninguém se preocupa em passar para os filhos um padrão familiar de comportamento. Se a esquerda estigmatizou a "família burguesa", parece que a direita ou o centro não se manifestaram. Os homens aceitam e ficam na defensiva em relação à emancipação da mulher, mas não acham que seja importante ter uma família, cuidar de filhos, ajudá-los a crescer, alimentá-los, educá-los (felizmente há exceções). As mulheres passaram a considerar as tarefas antes tidas como femininas como uma atividade de menor valor. E as crianças? Alguém pensou nelas? Como vivem as crianças no cotidiano doméstico? E as avós, não ensinaram nada a filhas e filhos?

Como distribuo no consultório alguns folhetos sobre alimentação infantil, modo de preparo de alimentos naturais etc., tenho encontrado situações curiosas entre algumas crianças e famílias. A quantidade de mulheres jovens, mães de bebês pequenos, que dizem que não sabem nem onde fica o fogão em casa, é enorme. Quando os maridos sabem o que fazer e assumem essa função, as crianças ainda têm oportunidade, vez ou outra, de fazer uma refeição à moda antiga, com toda a família sentada à mesa, conversando, passando a vida diária a limpo, pais perguntando aos filhos como foi o dia na escola etc. Se isso não acontece, as pessoas não se reúnem com os filhos nem para comer. Muitas crianças não têm nenhum momento do dia ou mesmo da semana em que se sentem para conversar com os pais. Quando comem em casa, "devoram" lanches rápidos, às vezes diante da televisão, porque foi assim que aprenderam a comer desde pequenos, cada um com seu prato na mão. Nas salas, local da casa onde teoricamente deveriam se sentar para conversar, até a disposição dos móveis impede a troca de ideias. Os sofás e as cadeiras estão virados para a televisão, que, sempre ligada, comanda a informação e o relacionamento das pessoas.

Na classe média, pode ser pior. As crianças, cada uma em seu quarto, ficam assistindo à sua TV ou diante de seu computador ligado. Já vi o absurdo de, às vezes, pessoas da mesma família, que vivem no mesmo ambiente doméstico, comunicarem-se pelo computador (pelos *e-mails*). É o cúmulo da despersonalização das relações familiares. Fico imaginando, já que as crianças cada vez mais precocemente se "digitalizam", mãe e filho trocando mensagens de boa-noite: "Durma bem, filho, e não esqueça de desligar o computador e apagar a luz!".

Observamos uma crescente onda de violência infantil. A educação mercantilista e aproveitadora de todas as oportunidades, "doa a quem doer", estimula a "cola" para passar de ano, pois se vai à escola apenas para obter um diploma e não para aprender. Os professores, temerosos da violência, não têm coragem para reprovar, para cobrar, para exigir estudo. A juventude está cada vez mais entregue a uma vida hedonista e consumista, usando drogas. Nossa juventude, quando comparada à de outros países, deixa muito a desejar. O professor Raymundo de Lima, psicanalista, é autor de uma frase que me sensibilizou muito: "A sociedade capitalista corroeu, por um lado, a autoridade do pai e, por outro lado, sequestrou a mãe para o trabalho, impedindo-a de dar o necessário colo ao filho".

Mas as crianças têm de ter uma chance. Acredito, após anos e anos conversando com mães, que a verdadeira mãe não sumiu. Seguramente, todos os dias sou surpreendido por mulheres que confessam ter vontade de voltar à vida simples de poder cuidar dos filhos, que já se fartaram do profissionalismo competitivo que não permite qualquer tempo para cuidar da família, para pensar na vida, para sonhar, para educar e até mesmo para brincar com os filhos e com os netos.

Nesta sociedade, já não se pode falar em patriarcado ou matriarcado. O que temos realmente, salvo exceções interessantes, é a ausência de definição de papéis, de quem assume o que em relação à família ou aos filhos. O pai fica envergonhado de colocar limites (tem medo de ser chamado de machista) e também se exime de cobrar da esposa, ou da mãe de seus filhos, uma atitude mais complacente e mais participativa na educação do dia a dia. A mãe, por sua vez, assusta-se e envergonha-se de dizer às amigas que, no fundo, o que gostaria mesmo é de poder dar um pouco mais de atenção à sua prole, ao marido, à sua própria vida. As pessoas vivem com medo de ser criticadas, de assumir que tiveram a coragem de fazer uma opção pelos filhos e pelo lar. Sou testemunha de que, embora muitas mulheres estejam fazendo esse caminho inverso e voltando para suas casas, pelo menos durante meio período, essa decisão não é fácil, porque exige maturidade e tempo.

Talvez nem todas as mães jovens concordem comigo, mas seguramente um dia levarão em consideração algumas das ideias e dificuldades levantadas neste livro, que esperamos ajude a minorar alguns problemas de nossa sociedade, cada vez mais agressiva e desprovida de amor.

8. Finalmente...

O que estou propondo?

A volta da mulher à condição de dona de casa e rainha do lar?

Claro que não. O que desejo é colocar em pratos limpos a situação atual. Tantas crianças sem pai e sem mãe, tantas sem carinho e sem afeto, tantas abandonadas. Proponho uma conscientização da paternidade e da maternidade. Ter filhos é uma dádiva, e só quem já teve em seu colo um bebê sorrindo ou uma criança de dois ou três anos abraçando-o e chamando-o de pai pode avaliar a felicidade que a paternidade traz. E ser avô, posso dizer com muita tranquilidade por estar vivendo esse momento, é melhor ainda. Ser chamado de vovô e receber abraços e beijos carinhosos é uma das melhores coisas que a vida proporciona. Mas, para termos netos, é preciso que tenhamos tido filhos e cuidado deles, lhes tenhamos ensinado a se cuidar, a buscar realização pessoal e até a desejar criar uma família.

Ser mãe ou pai hoje é uma tarefa igual à do passado, acrescida dos problemas que a modernidade trouxe. É uma responsabilidade muito grande, que deve ser assumida com perfeito e profundo conhecimento de suas implicações. Crianças choram à noite, nem sempre dormem bem, precisam de cuidados especiais, de limpeza, banho, alimentação, carícias, precisam ser educadas e acompanhadas até a idade adulta. A tarefa de pais e mães não cessa nunca.

Todos os seres humanos nasceram para ser pais? Esse assunto, tabu até bem pouco tempo atrás, seguramente já pode, e deve, ser encarado sem medo. Ouso afirmar que não. Algumas pessoas talvez tenham razão em não querer ter filhos. Talvez seja melhor não tê-los do que tê-los e não poder se dedicar a eles com carinho e atenção.

Sejamos sinceros, nem todo mundo está disposto a arcar com esse ônus. É mentira dizer que todo mundo nasceu para ser pai e mãe, principalmente nos dias de hoje, em que a gravidez pode ser planejada para o momento mais adequado da vida da família. Se não dá para ter um filho agora, verifique por quê. É um problema econômico? É uma questão de não querer ou de não estar preparado para mudar seu modo de vida? Os futuros pais ainda não estão satisfeitos com a vida de liberdade que têm e querem mais? Então, que planejem a vinda de um filho para mais tarde, que não tomem atitudes impensadas, gerando uma criança da qual não poderão cuidar adequadamente.

Cada vez mais vemos casais com poucos filhos, às vezes somente um. Lembro-me de que, no começo de minha vida de clínico pediatra, estimulava os casais a não terem um filho só porque era importante a companhia de um irmão, a partilha do amor dos pais etc. Hoje, consigo entender muito bem as opções dos casais, porque um filho, para ser bem cuidado, ter tudo do que precisa, necessita de boas condições econômicas do casal e, principalmente, de disponibilidade da família. Quantas avós já bem idosas estão, hoje, cansadas, cuidando de crianças, dia e noite, porque os pais tiveram filhos num momento que não era o mais adequado?

A educação sexual tem, necessariamente, de ensinar às pessoas não só as questões relacionadas ao erotismo ou à satisfação, sobretudo, mas insistir na importância da maternidade e da paternidade conscientes. A decisão de ter um filho deve ser tomada por ambos os pais, não só em razão do momento que estão vivendo, mas com uma visão de longo prazo. Tenho um amigo psicólogo que me diz que ter um filho significa preocupação e cuidado para o resto da existência. Essa preocupação só desaparece quando a gente vai embora para outro mundo. É impossível, em qualquer idade, um pai ou uma mãe não se preocuparem com um filho e, se isso não acontece, algo de errado ocorre ou ocorreu nesse relacionamento; muito provavelmente, esse filho não é fruto de uma gravidez planejada e esperada.

É muito interessante como as pessoas se preocupam com a aquisição de bens, como planejam investimentos pessoais ou da família, mas nem sempre têm a mesma preocupação com o planejamento da prole e com os compromissos que derivam da chegada dos filhos. Por outro lado, é impressionante como, a todo o momento estamos vendo, apesar de todas as considerações a respeito da terceirização das crianças, mães e pais que se sacrificam em prol de seus filhos. São vidas inteiras dedicadas a crianças portadoras de problemas físicos, malformações ou problemas psicológicos, as quais seguramente não sobreviveriam se não recebessem o cuidado dessas mães e desses pais devotados.

Para sistematizar os fatores que, a nosso ver, contribuem para o aparecimento do problema da terceirização infantil, seria interessante enumerar alguns aspectos socioeconômicos e psicológicos.

Não há dúvida de que um filho gera gastos e, às vezes, a família, principalmente a mãe, acaba achando que a única forma de compensar o aumento de despesas é se dedicar mais ao trabalho ou arranjar mais um afazer. Uma mãe me disse, depois de uma palestra: "Mas, se eu trabalhar só meio período, como vou pagar a escola de meu filho?". Então, fica claro que um fator que leva à terceirização das crianças é a baixa renda familiar.

Outro fator é a falta de preparo intelectual ou de conhecimento sobre o desenvolvimento infantil em determinadas famílias que não valorizam, não conhecem ou não atentam para a problemática do desenvolvimento psicológico e cognitivo e a importância do vínculo mãe-filho.

É também impossível negar o papel da gravidez indesejada, do filho que não se esperava, principalmente no caso da mulher solteira, sem compromisso formal com algum companheiro. Infelizmente, essa gravidez pode, em maior proporção do que a desejada, dar oportunidade ao desenvolvimento de relacionamentos que culminam com a terceirização. Obviamente, nesse caso, a fragmentação do núcleo familiar, que por si só já é um problema grave, também pode estar associada ao abandono ou à falta de cuidados adequados para a criança. Ainda nesse caso, um dos maiores problemas é quem é o provedor e cuidador do lar. Quando é a mãe a pessoa que mais aporta recursos para a família, e isso é cada vez mais frequente, a tendência é seu distanciamento das funções maternas, e a criança acaba ficando em segundo plano.

Alguns profissionais, inclusive educadores, pediatras e psicólogos, acham que a terceirização do atendimento à criança é quase inevitável, dadas as condições de vida atuais, em que a mulher entrou definitivamente para o mercado de trabalho e não existe uma legislação adequada para regular seu afastamento para cuidar dos filhos. Esses profissionais acreditam que o problema crucial é a impotência diante da situação, que acaba levando a uma série de problemas de relacionamento, com prejuízo para o desenvolvimento emocional, cognitivo e mesmo físico das crianças, que, às vezes, nunca mais se recuperam.

Quando ouço esses argumentos, concordo que é grande a dificuldade de achar uma saída perfeita, mas não abro mão de discutir o assunto. A sociedade não pode continuar julgando que não tem nada a ver com isso. As pessoas falam do aquecimento global, da degradação do meio ambiente e da necessidade de todos nós nos preocuparmos para encontrar saídas. Concordo. É verdade, precisamos nos conscientizar e ver o que ainda podemos fazer para salvar nosso planeta e não legar uma vida problemática a nossos descendentes. Da mesma maneira, pergunto se não está na hora de despertarmos para o problema da criação das crianças. Temos de despertar para essa situação, pois parece que as pessoas não se dão conta da importância do afeto, do amor na vida dos filhos. Que será dessas crianças mal-amadas? Se não receberam amor, carinho, atenção, colo, afago, calor humano, serão capazes de amar no futuro? Poderão entender o que é bondade, doação, capacidade de se entregar aos outros sem esperar nada em troca? Poderão entender o que é amar, ter filhos, netos, família? Ou, como parece que já estão fazendo, confundirão amor com sexo, erotismo e ligações puramente físicas? Em suma, será que compreenderão o que é o amor?

Todo o discurso deste livro não pode ser mal compreendido. É preciso entender que a doença está na sociedade, que, mercantilista, demagógica e marqueteira, vive apenas interessada no lucro. Mães, avós e pais são figuras que aparecem em *outdoors* bonitos só na época do dia das mães, dos pais e similares. Para quê? Para vender produtos que nem sempre serão ofertados acompanhados dos sentimentos que se espera que estejam sendo difundidos entre as pessoas.

Mais uma vez, percebemos que, salvo raras exceções, as mães são tão vítimas quanto as crianças. Ao constatarmos a terceirização, também percebemos que as saídas, as ofertas da sociedade, a infraestrutura física e a legislação de proteção materno-infantil são escassas e insuficientes. O problema está num despertar da consciência e na maternidade e paternidade conscientes, com percepção clara do que significa ter filhos.

Tenho observado um fenômeno muito interessante em relação à idade em que as mulheres dão à luz. Antigamente, eram muito raras as mulheres que engravidavam depois dos 30 anos, a ponto de, recordo-me muito bem, no início da minha carreira, chamarmos de primigestas idosas às mulheres que tinham o primeiro filho depois dos 30. O comum era que engravidassem por volta dos 25 anos, e nossas avós, ainda mais cedo. Também não era muito frequente, embora existissem, é claro, as gravidezes de mulheres muito jovens, adolescentes. E hoje, o que vemos? Percebemos dois picos de idade em que as mulheres dão à luz: ou muito jovens, na adolescência ou logo no início da idade adulta, quando ocorre uma gravidez inesperada, com todos os seus contratempos; ou – interessante – depois dos 35 anos, na mulher mais madura, que terminou sua formação profissional, começou a vida adulta, casou-se, mas esperou para ter o primeiro filho, ou seja, planejou uma gravidez consciente e bem decidida. Espero que este livro ajude essas mulheres a se darem conta da importância de querer ser mãe e a fazerem uma opção consciente para isso. Termino dizendo que talvez seja melhor adiar um projeto de maternidade, e mesmo abrir mão dessa possibilidade, do que ter um filho ao qual não se pode dar atenção, carinho e, principalmente, presença constante.

Como pediatra que há tantos anos acompanha dezenas e dezenas de crianças e suas famílias, cheguei à conclusão de que amor nunca é demais. Mesmo as crianças superirritadas, birrentas, que choram e gritam nos consultórios, mostrando que recebem excesso de atenção e um pouco de "mimo", são mais felizes do que as que são tratadas com rispidez e frieza.

Planejar uma gravidez é importante, mas é preciso também planejar como vai ser a vida depois dela. É fundamental se perguntar como será o cuidado com a criança e, do fundo do coração, responder se se quer um filho para criar, educar e orientar ou apenas para satisfazer o ego e a vontade de mostrar que se é capaz de gerar outro ser. Acho que todo homem e toda mulher devem examinar, bem lá no fundo de sua consciência, conversando "com seus próprios botões", para usarmos uma expressão bem antiga e talvez fora de moda, se realmente querem ter filhos. Algumas pessoas acham que essa resposta deve ser dada só pela mãe. Não concordo. Claro que à mulher, quer admitamos quer não, cabe o ônus da maternidade. A gestação nem sempre é confortável; o parto, um momento de estresse, e os primeiros anos de vida da criança exigem muito, principalmente nos primeiros seis meses, em que a amamentação exclusiva ao peito, que é a ideal, exige contato constante.

Todas as pessoas estão preparadas para ter filhos? Estão dispostas a abrir mão de suas prerrogativas pessoais em benefício de uma criança? Honestamente, de verdade? Será que este mundo narcísico e hedonista permite que façamos essa opção com tranquilidade? Para que ter filhos? Apenas para dar uma satisfação ao resto da família, ao vovô e à vovó que querem netos? É bem verdade que, muitas vezes, a felicidade da maternidade e da paternidade aparece bem mais tarde, quando alguém sorridente, saltitante e feliz corre pela casa encantando a todos com sua ingenuidade e beleza. E mais, muitas pessoas, quando pensam em ter filhos, estão pensando na velhice sem netos, sem filhos maiores para compartilhar os problemas. A velhice será mais triste se não tivermos filhos? Essa pergunta requer uma resposta individual, que as pessoas devem encontrar no fundo de seus corações.

Estou me sentindo tranquilo ao finalizar este livro. Estou agindo mais uma vez de acordo com minha personalidade e com o que acredito que deva fazer neste mundo. Acredito, sinceramente, que é preciso falar a verdade, colocar as coisas nos devidos lugares, sem medo de propor o diálogo, a discussão, a troca de ideias.

Termino dizendo que gostaria muito de saber o que você pensa sobre as ideias que divulguei nesta obra. Espero que elas sirvam para melhorar a vida das famílias e, sobretudo, das mães e das crianças, que, bem-amadas, vão se transformar em adultos com capacidade de amar e de se doar e, por isso, poderão ser mais felizes e pais e avós melhores no futuro.

Espero receber ideias e sugestões, portanto, aos que quiserem se comunicar comigo, deixo meus *e-mails*: jomafi09@gmail.com ou jmartins@fcm.unicamp.br e também o telefone do Instituto de Pediatria em Campinas: (19) 3251-0511.

Obrigado por me acompanhar até o fim deste livro.

José Martins Filho
Médico pediatra
Professor titular de Pediatria da Unicamp

Bibliografia utilizada e sugerida

ADORNO, R.C.F. (1999). "Nem trabalho nem lazer: A rua como ameaça e atração na vida de crianças e jovens das classes populares". *In*: WESTPHAL, M.F.; CARICARI, A.M. e CAMARGO, M.T.V.E.F. *O compromisso da saúde no campo do trabalho infanto-juvenil: Uma proposta de atuação*. São Paulo: USP/FSP, pp. 87-97.

ADORNO, R.C.F. e SILVA, S.L. (1999). "Cenas do mapeamento de rua: Diários e discussões dos educadores". *In*: LESCHER, A.D. *et al. Cartografia de uma rede*. São Paulo: Projeto Quixote/Unifesp/FSP/USP/UNCDP/Ministério da Saúde, pp. 9-32.

ALVES, P.B. *et al.* (2002). "Atividades cotidianas de crianças em situação de rua". *Psicologia: Teoria e Pesquisa*, vol. 18, n. 3, pp. 305-313.

BRASIL (1990). *Estatuto da criança e do adolescente*. São Paulo: Cortez.

CADERNOS DE SAÚDE PÚBLICA (1990). "Meninos e meninas de rua do Brasil", vol. 6, n. 4, out./dez.

CAMPOS, T.N.; DEL PRETTE, Z.A.P. e DEL PRETTE, A. (2000). "(Sobre) vivendo nas ruas: Habilidades sociais e valores de crianças e adolescentes". *Psicologia: Reflexão e Crítica*, vol. 13, n. 3, pp. 517-527.

CASTEL, R. (1998). *As metamorfoses da questão social*. Petrópolis: Vozes.

_____ (1994). "Da indigência à exclusão, à desfiliação. Precariedade do trabalho e vulnerabilidade relacional". *In*: LANCETTI, A. (org.). *SaúdeLoucura* 4. São Paulo: Hucitec, pp. 21-48.

CRUZ, L.; HILLESHEIM, B. e GUARESCHI, N.M.F. (2005). "Infância e políticas públicas: Um olhar sobre as práticas psi". *Psicologia & Sociedade*, vol. 17, n. 3, set./dez., pp. 42-49.

ESPÍRITO SANTO, A.A. do; JACÓ-VILELA, A.M. e FERRERI, M. de A. (2006). "A imagem da infância nas teses da Faculdade de Medicina do Rio de Janeiro (1832-1930)". *Psicologia em Estudo*, v. 11, jan., pp. 19-28.

FONSECA, C. e CARDARELLO, A. (1999). "Direitos dos mais e menos humanos". *Horizontes Antropológicos*, ano 5, n. 10, maio, pp. 83-121.

GOMES, F.Z. e ADORNO, R.C.F. (1991). "Criança e menor na sociedade brasileira: Serviços, cuidados e exclusão". *Revista Brasileira de Crescimento e Desenvolvimento Humano*, ano 1, n. 1, jan./jun., pp. 83-98.

GRACIANI, M.S.S. (2001). *Pedagogia social de rua*. 4ª ed. São Paulo: Cortez/Instituto Paulo Freire.

GREGORI, M.F. (2000). *Viração: Experiência de meninos nas ruas*. São Paulo: Companhia das Letras.

HABERMAS, J. (1997). *Direito e democracia: Entre facticidade e validade*. Rio de Janeiro: Tempo Brasileiro, vol. 1.

HUTZ, C.S. e KOLLER, S.H. (1997). "Questões sobre o desenvolvimento de crianças em situação de rua". *Estudos de Psicologia*, vol. 2, n. 1, pp. 175-197.

LANCETTI, A. (org.) (1994). *SaúdeLoucura* 4. São Paulo: Hucitec.

LIMA, R. (2004). "Elas não querem padecer no paraíso!". *Revista Espaço Acadêmico*, n. 36, maio.

MARCÍLIO, M.L. (1998). *História social da criança abandonada*. São Paulo: Hucitec.

MARCONDI, M.A. (org.) (1997). *Falando de abrigo: Cinco anos de experiência do projeto Casas de Convivência*. São Paulo: Febem.

MARTINS FILHO, J. (1996). *Lidando com crianças, conversando com os pais*. 2ª ed. Campinas: Papirus. (Prêmio Jabuti)

_____ (1986). *Como e por que amamentar*. São Paulo: Sarvier.

_____ (2002). *Filhos, amor e cuidados*. Campinas: Papirus.

MENEZES, D.M.A. e BRASIL, K.C.T. (1998). "Dimensões psíquicas e sociais da criança e do adolescente em situação de rua". *Psicologia: Reflexão e Crítica*, vol. 11, n. 2.

NEIVA-SILVA, L. e KOLLER, S.H. (2002). "Adolescentes em situação de rua". *In*: CONTINI, M.L.J.; KOLLER, S.H. e BARROS, M.N.S. (orgs.). *Adolescência e psicologia: Concepções, práticas e reflexões críticas*. Brasília: CFP/Ministério da Saúde, pp. 110-119.

NÓBREGA, S.M. e LUCENA, T.A. (2004). "O 'menino de rua' entre o sombrio e a aberrância da exclusão social". *Estudos de Psicologia*, vol. 21, n. 3, set./dez., pp. 161-172.

PALUDO, S.S. e KOLLER, S.H. (2005). "Quem são as crianças que estão nas ruas: Vítimas ou vitimizadoras?". *Interação em Psicologia*, vol. 9, n. 1, pp. 65-78.

PIRES, A.L.D. e MIYAZAKI, M.C.O.S. (2005). "Maus-tratos contra crianças e adolescentes: Revisão da literatura para profissionais da saúde". *Revista Arquivos de Ciências da Saúde*, vol. 12, n. 1, jan./mar., pp. 42-49.

SANTANA, J.P. e KOLLER, S.H. (2003). "Os adolescentes em situação de rua e as instituições de atendimento". Dissertação de mestrado em Psicologia do Desenvolvimento, UFRGS.

SCHERER, E.A. e SCHERER, Z.A.P. (2000). "A criança maltratada: Uma revisão da literatura". *Revista Latino-Americana de Enfermagem*, vol. 8, n. 4, ago., pp. 22-29.

SIQUEIRA, A.C. e DELL'AGLIO, D.D. (2006). "O impacto da institucionalização na infância e na adolescência: Uma revisão de literatura". *Psicologia & Sociedade*, vol. 18, n. 1, jan./abr., pp. 71-80.

E mais vários artigos e revistas de pediatria, psicologia, psiquiatria e psicanálise (citados em livros, revistas e na internet).

Especificações técnicas

Fonte: Souvenir Lt Bt 11 p
Entrelinha: 15 p
Papel (miolo): Offset 75 g
Papel (capa): Cartão 250 g
Impressão e acabamento: Paym